Medikamentenabhängigkeit

Fortschritte der Psychotherapie
Manuale für die Praxis

herausgegeben von
**Prof. Dr. Dietmar Schulte, Prof. Dr. Klaus Grawe
Prof. Dr. Kurt Hahlweg, Prof. Dr. Dieter Vaitl**

Band 12

Medikamentenabhängigkeit

von

Karin Elsesser
und
Gudrun Sartory

**Hogrefe · Verlag für Psychologie
Göttingen · Bern · Toronto · Seattle**

Medikamenten-abhängigkeit

von

Karin Elsesser
und
Gudrun Sartory

Hogrefe · Verlag für Psychologie
Göttingen · Bern · Toronto · Seattle

Dr. phil. Karin Elsesser, geb. 1962. 1983-1989 Studium der Psychologie in Wuppertal. 1995 Promotion. 1989-1997 Tätigkeit in Forschung, Lehre und Therapie an den Universitäten Wuppertal und Dortmund. 1997-1998 Vertretung des Lehrstuhls für Klinische Psychologie und derzeit Leitung eines Forschungsprojektes zur Posttraumatischen Belastungsstörung an der Universität Wuppertal.

Prof. Dr. Gudrun Sartory, geb. 1945. 1963-1969 Studium der Psychologie in Wien. 1969 Promotion. 1969-1986 Forschungstätigkeit im Bereich der Angststörungen am Institute of Psychiatry, Universität London; dort Lecture bzw. Senior Lecture in Psychologie. Seit 1986 Professorin für Klinische Psychologie an der Universität Wuppertal.

Wichtiger Hinweis: Der Verlag hat für die Wiedergabe aller in diesem Buch enthaltenen Informationen (Programme, Verfahren, Mengen, Dosierungen, Applikationen etc.) mit Autoren bzw. Herausgebern große Mühe darauf verwandt, diese Angaben genau entsprechend dem Wissenstand bei Fertigstellung des Werkes abzudrucken. Trotz sorgfältiger Manuskriptherstellung und Korrektur des Satzes können Fehler nicht ganz ausgeschlossen werden. Autoren bzw. Herausgeber und Verlag übernehmen infolgedessen keine Verantwortung und keine daraus folgende oder sonstige Haftung, die auf irgendeine Art aus der Benutzung der in dem Werk enthaltenen Informationen oder Teilen davon entsteht. Geschützte Warennamen (Warenzeichen) werden nicht besonders kenntlich gemacht. Aus dem Fehlen eines solchen Hinweises kann also nicht geschlossen werden, daß es sich um einen freien Warennamen handele.

Die Deutsche Bibliothek - CIP-Einheitsaufnahme

Ein Titeldatensatz für diese Publikation ist bei Der Deutschen Bibliothek erhältlich

© Hogrefe-Verlag GmbH & Co. KG, Göttingen • Bern • Toronto • Seattle 2001
Rohnsweg 25, D-37085 Göttingen

http://www.hogrefe.de
Aktuelle Informationen • Weitere Titel zum Thema • Ergänzende Materialien

Satz: Beate Hautsch, Göttingen
Druck: Schlütersche GmbH & Co. KG, Verlag und Druckerei
Printed in Germany
Auf säurefreiem Papier gedruckt

ISBN 3-8017-1165-X

Inhaltsverzeichnis

Einführung

„Frau R., vierundvierzig Jahre alt, arbeitslos und alleinstehend, hat ein schweres Leben gehabt. Sie hatte jung geheiratet, bevor sie noch eine Berufsausbildung abgeschlossen hatte, und wurde bald danach schwanger. Bedingt durch Komplikationen während der Schwangerschaft und Geburt litt das Kind, ein Junge, an einer neurologischen Störung. Es war von Anfang an offensichtlich, dass er lebenslänglich versorgt werden müsse. Der Ehemann, ein Bahnarbeiter, zeigte wenig Verständnis für die Schwierigkeiten, die mit dem Aufziehen des Kindes einhergingen. Er überließ es Frau R., alle Ämter aufzusuchen, um die zusätzliche finanzielle und soziale Unterstützung, die für die Betreuung des Kindes erforderlich war, durchzusetzen. Als der Junge 18 Jahre war, hatte Frau R. endlich einen Platz in einem Heim für ihn gefunden. Während dieser Zeit ließ sich ihr Mann von ihr scheiden. Nachdem der Junge versorgt war, hatte sie ihre erste Panikattakke, die von weiteren gefolgt war und sie fing an, Ausgänge zu vermeiden. Schließlich entwickelte sie eine schwere Depression und wurde ein halbes Jahr lang in einer psychiatrischen Klinik stationär behandelt. Wegen ihrer großen Schwierigkeiten einzuschlafen, bekam sie dort Schlafmittel, die sie seither – über sieben Jahre – ununterbrochen genommen hat. Doch nimmt sie die Tranquilizer nun drei Mal täglich. Sie war jährlich in das Krankenhaus mit neuerlichen Episoden schwerer Depression zurückgekehrt und lebte in der restlichen Zeit wie eine Gefangene in ihrer Wohnung. Sie konnte nicht ausgehen und litt an manchen Tagen an schweren Schwindelgefühlen, wenn sie nur aufstand. In letzter Zeit konnte sie nur mehr mit Stöcken gehen. Ein Arzt in der Klinik hatte ihr geraten, die Tranquilizer-Einnahme zu beenden, was sie jedoch ablehnte. Es wurde ihr eine Sozialarbeiterin zur Verfügung gestellt, die Einkäufe für sie tätigte und ihr einige Stunden in der Woche Gesellschaft leistete. Frau R. hätte nun gerne eine Begleitperson, die ihr ständig zur Verfügung stand. Das Sozialamt stand der Anforderung ablehnend gegenüber.“

Medikamentenabhängigkeit ist weiter verbreitet als angenommen wird. Es wurde geschätzt, daß in westeuropäischen Ländern 10 bis 30 % der Bevölkerung einmal in ihrem Leben Tranquilizer eingenommen haben und daß etwa 2 % davon abhängig sind. In der Mehrzahl handelt es sich dabei um Schlaf- und Beruhigungsmittel aus der Familie der Benzodiazepine, die die Barbiturate abgelöst haben. Sie erwiesen sich als sicherer und hatten auch bei Einnahme einer sehr hohen Dosis – im Gegensatz zu Barbituraten – keine tödliche Wirkung. Aus diesem Grund wurden sie bei verschreibenden Ärzten und Patienten gleichermaßen populär bis erste Berichte von hefti-

**Tranquilizerab-
hängigkeit ist
weit verbreitet**

1

gen Beschwerden bei Beendigung der Medikation berichtet wurden. Eine Patientin berichtete:

„Als ich versuchte die Dosis zu reduzieren, hatte ich das Gefühl, daß mir der Boden unter den Füßen wegrutschte. Die Wände bewegten sich, als ich mich anhielt, und ich hatte das Gefühl, daß mein Kopf zermalmt wurde. Ich konnte nicht ohne die Beruhigungstabletten leben und wußte nicht, daß das die Nebenwirkungen waren. Ich dachte, daß sich meine ursprüngliche Krankheit verschlechterte."

Darauffolgende systematische Untersuchungen zeigten, daß es sich bei den Beschwerden um Entzugserscheinungen handelte. Danach gingen die Verschreibungen von Beruhigungs-, nicht aber von Schlafmitteln zurück.

Unterscheidung von Tranquilizerabhängigkeit und Drogensucht. In diesem Buch wird hauptsächlich auf Tranquilizerabhängigkeit und -entzug einge-gangen. Dabei kann Drogensucht nicht unerwähnt bleiben. Wohl ist die **Tranquilizerab-hängige sind älter als Drogensüchtige und in der Mehrzahl weiblich** Zielpopulation von Drogen- und Medikamentenabhängigen unterschied-lich – erstere sind in der Mehrzahl jünger und männlich und zweitere weib-lich und über 40 – doch sind gewisse Aspekte der Suchtproblematik beiden gemeinsam. Zudem sind Opiate auch in Schmerzmitteln enthalten, die ein hohes Suchtpotential aufweisen. Für ihren Entzug wie auch für den von Stimulantien und Appetitzüglern liegen bisher noch keine kontrollierten Untersuchungen psychologisch-unterstützender Behandlung vor, wie das für den Tranquilizerentzug der Fall ist. Auch aus diesem Grund wird haupt-sächlich auf letzteren eingegangen. Die Zusammenarbeit von Psychothera-peuten und verschreibendem Arzt ist eine wesentliche Grundlage für das Gelingen des Entzugs.

Wuppertal, Oktober 2000   Karin Elsesser und Gudrun Sartory

2

1 Beschreibung der Störung

1.1 Bezeichnung

Medikamentenabhängigkeit wird häufig auch als „heimliche Sucht", Alterssucht", „Frauensucht" oder „iatrogene Abhängigkeit" bezeichnet. Mit diesen Begriffen werden einzelne phänomenologische bzw. ätiologische Merkmale der Störung hervorgehoben: So sind Frauen häufiger von Medikamentenabhängigkeit betroffen als Männer; die Anzahl der Medikamentenabhängigen steigt mit zunehmendem Alter und die Betroffenen sind im Vergleich zu Alkohol- oder Drogenabhängigen eher unauffällig und sozial integriert. Das Schlagwort der iatrogenen Abhängigkeit verdeutlicht, daß Medikamentenabhängigkeit in hohem Maße durch die ärztliche Verordnungspraxis bedingt ist. Im diagnostischen Kontext spielen diese Begriffe jedoch keine Rolle. Auch die Bezeichnung Medikamentenabhängigkeit ist nur als ein Oberbegriff zu verstehen, der in erster Linie die abhängigkeitsinduzierende Substanzgruppe in Abgrenzung von anderen Substanzen, wie z.B. Alkohol und illegalen Drogen, verdeutlicht. Eine Abhängigkeitsdiagnose wird nur im Falle des Konsums psychotrop wirksamer Substanzen vergeben, d.h. bestimmter Medikamente mit zentralnervös vermittelten Effekten auf Erleben und Verhalten. In der aktuellen, zehnten Version der „Internationalen Klassifikation psychischer Störungen" (ICD-10, WHO, dt. Ausgabe Dilling, Mombour & Schmidt, 1991) wurde die gemeinsame Diagnosekategorie „Medikamenten-/Drogenabhängigkeit" aufgelöst und neu definiert. Die Störung wird im Kapitel F1 „Psychische und Verhaltensstörungen durch psychotrope Substanzen" als Abhängigkeitssyndrom bezeichnet und durch die Nennung der abhängigkeitsverursachenden Substanz bzw.

Im ICD-10 werden verschiedene Aspekte der Störung durch psychotrope Substanzen codiert

Codierung der psychischen und Verhaltensstörungen durch psychotrope Substanzen im ICD-10	
Fxx.xx	Psychiatrische Störung (im Gegensatz zu medizinischer Krankheit)
F**1**x.xx	Störung durch psychotrope Substanzen
F1**x**.xx	Art der Substanz (z.B. 0: Alkohol; 1: Opiate; 2: Cannabis; 3: Sedativa; etc.)
F1x.**x**x	Art der Störung (z.B. 0: Intoxikation; 1: Missbrauch; 2: Abhängigkeit; etc)
F1x.x**x**	Aktueller Zustand (z.B. 0: gegenwärtig abstinent; etc)

Substanzklasse spezifiziert. Sie wird an dritter Stelle – F1x – gekennzeichnet. Durch diese Entwicklung erfolgte eine Angleichung an die diagnostischen Kriterien des Diagnostischen und Statistischen Manuals psychischer Störungen (DSM-IV, APA), in dem die Störung als „Substanzabhängigkeit" bezeichnet wird.

1.2 Definition

1.2.1 Abhängigkeitssyndrom (ICD-10, F1x.2)

Das Abhängigkeitssyndrom wird in der ICD-10 definiert als eine Gruppe körperlicher, Verhaltens- und kognitiver Phänomene, bei denen der Konsum einer Substanz oder Substanzklasse für die betroffene Person Vorrang hat gegenüber anderen Verhaltensweisen, die von ihr früher höher bewertet wurden. Als entscheidendes Merkmal der Abhängigkeit gilt der starke bis übermächtige Wunsch, Medikamente zu konsumieren („craving"), wobei unwesentlich ist, ob diese ärztlich verordnet wurden oder nicht. Dieser, auch als innerer Zwang umschriebene Konsumwunsch, wird oft erst dann bewußt, wenn der Betroffene versucht, den Konsum zu kontrollieren. Verminderte Kontrolle über den Substanzgebrauch äußert sich etwa darin, daß die Substanz häufiger, länger oder in höheren Mengen eingenommen wird als ursprünglich geplant bzw. in wiederholten erfolglosen Versuchen, den Konsum zu verringern bzw. zu beenden.

Craving und Kontrollverlust kennzeichnen Abhängigkeit

Körperliche Abhängigkeit. Wird die Substanzzufuhr reduziert oder völlig eingestellt, kann es zu einem körperlichen Entzugssyndrom kommen, das sich in substanztypischen Entzugssymptomen äußert (vgl. Kap. 1.2.2). Versuche, durch den Konsum des Medikamentes bzw. ähnlicher Substanzen Entzugssymptome zu mildern oder zu vermeiden, sind ebenfalls als Hinweis auf ein körperliches Entzugssyndrom zu werten. Als weiteres Indiz einer körperlichen Abhängigkeit von Medikamenten gilt neben dem Entzugssyndrom auch die Entwicklung von Toleranzeffekten. Im Verlauf der Medikamenteneinnahme nehmen einzelne oder mehrere Wirkqualitäten der Substanz ab. Benzodiazepin-Konsumenten entwickeln bereits nach wenigen Tagen eine Toleranz gegenüber den sedierenden Effekten und nach etwa sechswöchiger Einnahme ist auch der anxiolytische Effekt deutlich vermindert. Auf eine Toleranzentwicklung kann geschlossen werden, wenn der Betroffene über verminderte Wirkung des Medikamentes bei gleichbleibender Dosierung klagt bzw. höhere Dosen des Medikamentes benötigt, um die erwünschte Wirkung zu erzielen, wobei es zu Dosissteigerungen weit über den therapeutischen Bereich hinaus kommen kann.

Toleranz und Entzugssymptome sind Zeichen körperlicher Abhängigkeit

Diagnosekriterien des Abhängigkeitssyndroms (F1x.2) nach ICD-10

Die Diagnose soll nur gestellt werden, wenn die Kriterien innerhalb von 12 Monaten wiederholt bestanden haben[1].

1. Ein starker Wunsch oder eine Art Zwang, Medikamente zu konsumieren.

2. Verminderte Kontrolle über den Substanzgebrauch.

3. Ein körperliches Entzugssyndrom.

4. Toleranzentwicklung gegenüber den Substanzeffekten.

5. Eingeengtes Verhaltensmuster im Umgang mit der Substanz.

6. Anhaltender Substanzgebrauch trotz eindeutiger und dem Betreffenden bekannter schädlicher Folgen.

Beschreibung des aktuellen Zustandes

Dieser kann an fünfter Stelle kodiert werden:

F1x.20 – gegenwärtig abstinent

F1x.21 – abstinent, aber in beschützender Umgebung

F1x.22 – gegenwärtige Teilnahme an Ersatzdrogenprogramm

F1x.23 – abstinent, aber in Behandlung mit aversiven oder hemmenden Medikamenten

F1x.24 – gegenwärtiger Substanzgebrauch

Zur Beschreibung des Verlaufs stehen optional 2 Kategorien zur Verfügung:

F1x.25 – ständiger Substanzgebrauch und

F1x.26 – episodischer Substanzgebrauch.

Verlauf der Medikamentenabhängigkeit. Im Verlauf der Abhängigkeitsentwicklung werden zum Teil andere Interessen bzw. berufliche und soziale Aufgaben zugunsten des Substanzkonsums vernachlässigt oder völlig aufgegeben. Im Extremfall ist das Verhaltensmuster im Umgang mit der Substanz so stark eingeschränkt, daß sich alle Alltagsaktivitäten nur noch um den Substanzkonsum, also die Beschaffung, Einnahme und Erholung von den Substanzeffekten, drehen.

Fortgesetzter Medikamentenkonsum trotz des Wissens um schädliche Folgen, wie körperliche Erkrankungen oder psychische Störungen ist als wei-

---

1 Das gemeinsame Auftreten von drei Kriterien über einen Monat wird nur im Rahmen der Forschungskriterien gefordert.

teres Kennzeichen der Abhängigkeit definiert. So wechseln einige Medikamentenabhängige beispielsweise regelmäßig den Arzt, wenn dieser unter Hinweis auf das Abhängigkeitspotential der eingenommenen Medikamente weitere Verschreibungen verweigert.

Medikamentenabhängigkeit kann sich auf eine einzelne Substanz (z. B. Diazepam), verschiedene Substanzen einer Klasse (z. B. Diazepam und andere benzodiazepinhaltige Medikamente) oder auch den gleichzeitigen Konsum verschiedener Substanzklassen (z. B. Opioide und Psychostimulantien) beziehen. Grob unterteilt können zwei Verläufe der Medikamentenabhängigkeit beschrieben werden:

Im ersten Fall steht die mißbräuchliche, d. h. medizinisch nicht indizierte Einnahme im Vordergrund. Die Substanzen werden aufgrund ihrer euphorisierenden, entspannenden, antriebssteigernden, schlafunterdrückenden oder anderer positiver psychotroper Effekte gezielt, jedoch ohne medizinische Notwendigkeit, eingesetzt. Dosissteigerungen aufgrund von Toleranzeffekten sind hierbei eher üblich. Dieses Verlaufsmuster ist besonders bei jüngeren Patienten und im Zusammenhang mit dem gleichzeitigen Mißbrauch anderer Substanzen (z. B. Alkohol, Kokain, Amphethamine, Opiate) zu beobachten.

Im zweiten Fall steht zu Beginn der Medikamentenabhängigkeit die ärztliche Verschreibung des Suchtmittels (iatrogene Verursachung) aufgrund körperlicher oder psychischer Befindlichkeitsstörungen wie Schmerzen, Abgeschlagenheit, Nervosität, Ängstlichkeit oder Schlafstörungen. Auch hierbei kommt es durch Toleranzeffekte zu einer Abnahme der gewünschten Wirkungen, die jedoch nicht in jedem Fall zu einer Dosissteigerung führt. Insbesondere für die Abhängigkeit von Benzodiazepinen ist das Phänomen der sog. Niedrigdosis-Abhängigkeit (low-dose-dependence) bekannt: Trotz konstanter Einnahmemenge bzw. Dosierungen, die den therapeutischen Rahmen nicht überschreiten, kann eine Abhängigkeit von der verschriebenen Substanz vorliegen. Diesen Patienten ist ihre Abhängigkeit häufig nicht bewußt. Die auftretenden Entzugssymptome werden fälschlicherweise als ein Wiederauftreten der ursprünglichen Beschwerden interpretiert und der weitere Verordnungswunsch damit begründet. In anderen Fällen bemühen sich die Patienten, ihre Abhängigkeit zu verschleiern, indem sie ihren Medikamentenbedarf über die gleichzeitige Verschreibung durch mehrere Ärzte, Vorschieben von Verwandten oder auch über illegale Kanäle (Schwarzmarkt, Rezeptfälschung etc.) decken.

1.2.1.1 Medikamente mit Abhängigkeitspotential

Die ICD-10 unterscheidet insgesamt neun psychotrope Substanzklassen, von denen vier im Zusammenhang mit Medikamentenabhängigkeit relevant sind. Die Bezeichnung der Substanzklassen, Kodierung und Beispiele zugehöriger Medikamente sind in Tabelle 1 aufgelistet[2]. Die abhängigkeitsverursachende Substanz wird an der dritten Stelle des Diagnosekodes des Abhängigkeitssyndroms (F1x) vermerkt.

Tabelle 1:

Klassifikationscode und Substanzklassen nach ICD-10 sowie Beispiele zugehöriger Medikamente

Code	Substanzklasse	Zugehörige Medikamentengruppen
F11	Opioide	Opioidhaltige Analgetika, Hustensuppressoren und Anästhetika (Kodein, Morphin, Fentanyl)
F13	Sedativa/Hypnotika	Hypnotika/Sedativa aus der Gruppe der Barbiturate, Benzodiazepine, Bromharnstoffe und Carbamate
F15	Stimulantien, incl. Koffein	Amphetamin- bzw. ephedrinhaltige Stimulantien und Appetitzügler
F16	Halluzinogene	Atropinhaltige Substanzen, Biperiden

Ergänzend steht eine Restkategorie (F19) zur Verfügung, die bei multiplem Substanzgebrauch bzw. bei Konsum anderer, nicht in den Substanzklassen berücksichtigter, psychotroper Substanzen, zum Einsatz kommt. Die Einteilung in Substanzklassen bietet den Vorteil vorhersehbarer Entzugs- bzw. Intoxikationserscheinungen, da innerhalb der Substanzklassen, unabhängig von der spezifisch konsumierten Substanz, ähnliche Symptome zu erwarten sind (vgl. Kap. 1.2.2).

● *Opioide*[3]

Opioide besitzen ein hohes Abhängigkeitspotential, d. h. sie führen über ausgeprägte euphorisierende Effekte zu starker psychischer Abhängigkeit und schnell zur Entwicklung von körperlicher Abhängigkeit. Opioidhaltige Medikamente finden sich insbesondere in der Gruppe der Analgetika (Schmerzmittel) und Antitussiva (Hustenmittel). Analgetika werden in zentral wirksame (opioidhaltige) Analgetika und sog. kleine Analgetika, die peripher wirksam sind, unterteilt. Zentral wirksame Analgetika unterliegen meist der Betäubungsmittel-Verschreibungsordnung und sind entsprechend schwer zu beschaffen. Bei der Medikamentenabhängigkeit spielen sie daher auch eher eine untergeordnete Rolle. Kleinen Analgetika (z. B. Acetylsalicylsäure, Paracetamol) wird als Monopräparat kein Abhängigkeitspo-

---

2   Umfassende Informationen zu einzelnen Medikamenten mit Abhängigkeitspotential stellt die Deutsche Hauptstelle gegen die Suchtgefahren (DHS, Hamm) in ihren Broschüren zur Verfügung, die kostenlos (gegen Rückporto) erhältlich sind (Adresse siehe Anhang S. 81).

3   Opioide sind Stoffe mit morphinähnlicher Wirkung (z. B. Methadon, Fentanyl). Als Opiate werden Stoffe bezeichnet, die direkt aus Opium stammen. Diese sind jedoch nur z.T. zugleich auch Opioide (z. B. Kodein), während andere Opiatalkaloide über keine morphinähnliche Wirkung verfügen (z. B. Papaverin) (Poser & Poser, 1996).

7

tential zugeschrieben. Problematische Konsummuster dieser Präparate werden entsprechend als Mißbrauch von nicht abhängigkeitserzeugenden Analgetika (F55.2) diagnostiziert. Häufig werden kleine Analgetika jedoch in Kombination mit psychotrop wirksamen Substanzen wie z. B. Koffein oder Kodein angeboten, wodurch die Gefahr einer Abhängigkeitsentwicklung besteht. Der Opioidgehalt von Antitussiva geht in der Regel auf Kodein oder Kodeinabkömmlinge zurück. Antitussiva enthalten neben Kodein zum Teil zusätzlich Alkohol und andere dämpfende Wirkstoffe, die zur Effektsteigerung beitragen.

Schmerz- und Hustenmittel können Opioide enthalten

● *Sedativa/Hypnotika*

Benzodiazepine – Problemstoff Nr.1

Inhaltsstoffe von Sedativa/Hypnotika mit Abhängigkeitspotential sind vor allem Barbiturate, Carbamate, Bromharnstoffe und Benzodiazepine. Seit der Markteinführung der Benzodiazepine (z. B. Valium®, Tavor®, Lexotanil®) zu Beginn der 60er Jahre wurden andere Sedativa/Hypnotika aufgrund ihres bekannt hohen Abhängigkeitspotentials (insbesondere Barbiturate und Meprobamat) weitgehend verdrängt. Benzodiazepine galten bis Anfang der 80er Jahre als sichere Alternative, die nicht zu Abhängigkeit führt. Inzwischen sind sie die häufigste Ursache der Medikamentenabhängigkeit.

> **Beachte:** Rund 75 % des Konsums psychotroper Medikamente mit Abhängigkeitspotential geht auf Benzodiazepine zurück. Hauptkonsumentengruppe dieser Medikamente sind Frauen mittleren und höheren Alters.

Die Abhängigkeitsentwicklung von Sedativa/Hypnotika wird über die euphorisierende Wirkung, Toleranzeffekte und Entzugssymptome gebahnt. Bei Benzodiazepinen überwiegt die sog. Niedrigdosis-Abhängigkeit.

Abgesehen von der Dauer, haben Sedativa, Hypnotika, Tranquilizer und Anxiolytika aus der Familie der Benzodiazepine eine ähnliche Wirkung

Der Konsum kurz- oder langfristig wirksamer Benzodiazepine (vgl. Liste der Benzodiazepine im Anhang, S. 84) kann gleichermaßen in eine Abhängigkeit führen. In den klassischen Einteilungen der Psychopharmaka werden in der Regel aber nur kurzfristig wirksame Benzodiazepine unter die Gruppe der Sedativa/Hypnotika subsummiert, während langfristig wirksame Medikamente dieser Substanzgruppe gemäß ihrer primären Indikation als Tranquilizer oder Anxiolytika bezeichnet werden. Die Diagnose einer Abhängigkeit von Benzodiazepinen ist in jedem Fall möglich; die Wirkdauer des im Einzelfall konsumierten Präparates muß dabei nicht beachtet werden.

Kurzfristig wirksame Benzodiazepine haben ein höheres Abhängigkeitspotential als langfristig wirksame

Gemessen an der notwendigen Einnahmedauer bis zur Entwicklung von Entzugserscheinungen besteht für kurzfristig wirksame Benzodiazepine ein höheres Abhängigkeitspotential als für langfristig wirksame Benzodiazepine. Für das Abhängigkeitspotential scheint daneben die therapeutische Potenz der Substanz bedeutsam. Hohe therapeutische Potenz besteht, wenn für einen gegebenen Effekt eine nur geringe Dosis der Substanz nötig ist. Hinweise auf die therapeutische Potenz einzelner Benzodiazepine lassen sich anhand der Äquivalenzdosis zu Diazepam (vgl. Anhang, S. 84) ableiten. Alprazolam verfügt demnach über eine hohe, Oxazepam über eine vergleichsweise niedrige therapeutische Potenz. Für Lorazepam wird in der Literatur wiederholt auf ein besonders hohes Abhängigkeitspotential hingewiesen (z. B. Tyrer, Rutherford & Huggett, 1981).

● *Stimulantien*

Zu den zentralnervös wirkenden Stimulantien, sog. Psychostimulantien, zählen Amphetamin- und Ephedrinderivate sowie Koffein. Amphetamin- und ephedrinhaltige Medikamente werden als Psychostimulantien zur Behandlung der Narkolepsie, bei Kindern mit Aufmerksamkeitsdefizit/Hyperaktivitätsstörung sowie als Appetitzügler (Anorektika) eingesetzt. Nach Poser & Poser (1996) sind Abhängigkeitsentwicklungen in erster Linie bei der Einnahme von im freien Verkauf erhältlichen Appetitzüglern zu beobachten, während therapeutisch verabreichte Psychostimulantien eher selten zu Abhängigkeit führen. Koffein ist hauptsächlich Analgetika beigegeben.

Psychostimulantien vermitteln euphorische Effekte, wirken antriebssteigernd, sexuell stimulierend, verringern das Schlafbedürfnis und hemmen Hungergefühle und Appetit. Läßt die Substanzwirkung nach, können konträre Effekte wie Heißhunger, Müdigkeit und depressive Stimmung auftreten. Diese aversiven Nachwirkungen des Konsums sowie die Entwicklung von Toleranzeffekten z. B. bezüglich der euphorisierenden und appetitreduzierenden Wirkung tragen zum Abhängigkeitspotential dieser Substanzen bei.

● *Halluzinogene*

In die Gruppe der Halluzinogene werden Atropin, Atropinderivate und synthetische Anticholinergika (z. B. Biperiden), die als Antiparkinsonmittel verordnet werden, eingeordnet. Aufgrund ihrer antriebssteigernden und euphorisierenden Wirkung werden diese Substanzen gelegentlich mißbräuchlich konsumiert.

● *Psychotrope Substanzen ohne Abhängigkeitspotential bzw. Mißbrauch von nicht-psychotropen Substanze*n

Die aktuellen Diagnosekataloge ICD-10 und DSM-IV lassen die Diagnose eines Abhängigkeitssyndroms nur im Falle des Konsums psychotrop wirksamer Substanzen zu. Übermäßiger, unkontrollierter oder nicht indikationsgerechter Konsum von Laxantien, Diuretika oder Nasensprays wird diagnostisch als Mißbrauch von nicht abhängigkeitserzeugenden Substanzen eingeordnet, rechtfertigt jedoch nicht die Diagnose einer Abhängigkeit, da diese Substanzen keine zentralnervös vermittelten Effekte auf Erleben und Verhalten aufweisen. Zu den Medikamenten mit psychotroper Wirkung zäh-

Abhängigkeits- diagnose nur bei psycho- aktiven Substanzen

9

len per definitionem alle Psychopharmaka, also Neuroleptika, Antidepressiva, Tranquilizer und Psychostimulantien. Nicht allen Psychopharmaka wird jedoch zugleich ein Abhängigkeitspotential, also die Fähigkeit, körperlich und/oder psychisch abhängig zu machen, zugeschrieben. Medikamenten aus der Gruppe der Neuroleptika und Antidepressiva wird allgemein kein solches Abhängigkeitspotential zugeschrieben.

> **Beachte:** Positive psychotrope Effekte, insbesondere die euphorisierende Wirkung einer Substanz, gelten als Hinweis auf ein psychisches Abhängigkeitspotential einer Substanz. Toleranzeffekte und Entzugssymptome sind Indikatoren eines körperlichen Abhängigkeitspotentials.

Nebenwirkungen und Risiken langfristiger Medikamenteneinnahme werden häufig erst viele Jahre nach der Markteinführung einer Substanz entdeckt. Die klinische Prüfung eines Arzneimittels vor seiner Zulassung umfaßt eher kurze Einnahmezeiträume von vier bis sechs Wochen, um Wirkungen und Nebenwirkungen einer Substanz zu spezifizieren. Entsprechend können Risiken des chronischen Substanzkonsums kaum abgeschätzt werden. Langfristige Expositionszeiten führen daher immer wieder zur Entdeckung zusätzlicher unerwünschter Nebenwirkungen, wie z. B. eine Abhängigkeitsentwicklung.

1.2.1.2 Vergleich zwischen ICD-10 und DSM-IV

Annäherung der Diagnosekriterien von ICD-10 und DSM-IV

Die Diagnosekriterien für das Abhängigkeitssyndrom (ICD-10) bzw. die Substanzabhängigkeit (DSM-IV) sind inzwischen nahezu identisch. Während frühere Versionen der Diagnosekataloge noch einseitig entweder psychische Abhängigkeit (ICD-9) bzw. körperliche Abhängigkeit (DSM-III) in den Vordergrund stellten, werden diese Aspekte nun eher gleichwertig behandelt. Unter psychischer Abhängigkeit wird das zwanghafte Verlangen nach wiederholter Einnahme der Substanz, mit dem Ziel Unlust zu vermeiden oder einen angenehmen Zustand herzustellen, verstanden. Körperliche Abhängigkeit liegt vor, wenn Toleranzeffekte und/oder Entzugserscheinungen auftreten.

Die Identifikation von Medikamentenabhängigen wird im DSM-IV im Vergleich zur ICD-10 durch ein weniger strenges Zeitkriterium für die Dauer der Symptome erleichtert, da lediglich das Auftreten von drei Kriterien zu irgendeinem Zeitpunkt in demselben 12-Monats-Zeitraum gefordert wird.

Nach DSM-IV ist bei der Diagnosestellung zusätzlich zu bestimmen, ob das Abhängigkeitssyndrom mit oder ohne körperliche Abhängigkeit (im Fall von Toleranzeffekten und/oder Entzugssymptomen) einhergeht. Durch diese Ergänzung soll dem höheren Risiko von unmittelbar auftretenden medizinischen Krankheitsfaktoren (z. B. Leberschäden) bei körperlicher Abhängigkeit Rechnung getragen werden. Im Vergleich zu den früheren Versionen definiert das DSM-IV erstmals nicht nur Dosissteigerungen, sondern auch die verminderte Wirkung bei fortgesetzter Einnahme derselben Dosis als Kriterium für Toleranzeffekte. Damit lassen sich nun auch hier – wie in der ICD-10 – Fälle von Niedrigdosis-Abhängigkeit besser einordnen.

1.2.2 Entzugssyndrom (F1x.3)

Das Entzugssyndrom ist, wie beschrieben, ein Kriterium des Abhängigkeitssyndroms. Liegt ein Abhängigkeitssyndrom vor, sollte also grundsätzlich auch ein Entzugssyndrom als Diagnose erwogen werden. Daneben wird diese Störung, die im DSM-IV als „Substanzentzug" bezeichnet wird, auch als eigenständige Diagnosekategorie behandelt, die vorrangig dann zu vergeben ist, wenn das Entzugssyndrom der Grund für die aktuelle Konsultation ist und eine besondere medizinische Behandlung erfordert.

Das Erscheinungsbild des Entzugssyndroms ist abhängig von der konsumierten Substanzklasse. Die ICD-10 definiert daher neben allgemeinen Diagnosekriterien für das Entzugssyndrom substanzbezogene Kriterien für Opioide, Sedativa/Hypnotika und Stimulantien. Für die Gruppe der Halluzinogene besteht kein erkennbares Entzugssyndrom. Wie bei der Abhängigkeitsdiagnose, ist der Diagnosekode des Entzugssyndroms an dritter Stelle durch die verursachende Substanzklasse zu ergänzen.

Merkmale des Entzugs sind von der konsumierten Substanz abhängig

Entzugssymptome sind in der Regel zu beobachten, wenn eine psychotrope Substanz wiederholt, über einen längeren Zeitraum oder in hoher Dosierung konsumiert wurde. Die Symptome zeigen sich dabei nicht nur nach dem völligen Absetzen der Substanz, sondern bereits nach relativem Entzug, also einer Reduktion der Einnahme. Der Beginn der Entzugssymptome wird besonders durch die Halbwertzeit (HWZ = Zeit, in der der Blutspiegel einer Substanz auf die Hälfte des Wertes der maximalen Konzentration abgesunken ist) des Medikamentes bestimmt. So treten bei Substanzen mit kurzer Halbwertzeit Entzugssymptome bereits schon nach geringen Dosisreduktionen bzw. bei völligem Entzug der Substanz früher auf als bei Medikamenten mit längerer HWZ. Das Entzugssyndrom ist unabhängig davon aber immer eine zeitlich begrenzte Störung.

Entzugssyndrom: eine zeitlich begrenzte Störung

Als diagnostische Leitlinie gilt das Auftreten körperlicher Symptome, die in Abhängigkeit von der konsumierten Substanz variieren. Häufig treten außerdem psychische Störungen, wie z. B. Angst, Depression oder Schlafstörungen auf. Eine Besserung der Symptome ergibt sich bei erneutem Substanzkonsum.

11

Diagnosekriterien des Entzugssyndroms F1x.3 nach ICD-10

1. Nachweis des Absetzens oder Reduzierens einer Substanz, nach wiederholtem und meist langanhaltendem Konsum in hoher Dosierung oder auch nur nach Konsum großer Mengen.

2. Symptome und Anzeichen, die den bekannten Merkmalen eines Entzugssyndroms der betreffenden Substanz(en) entsprechen (siehe unten).

3. Nicht durch eine vom Substanzgebrauch unabhängige körperliche Krankheit zu erklären und nicht besser auf eine andere psychische oder Verhaltensstörung zurückzuführen.

Als Komplikation des Entzugssyndroms können Krampfanfälle auftreten. Die Störung wird entsprechend als Entzugssyndrom mit Krampfanfällen (F1x.31) oder als Entzugssyndrom ohne Komplikationen (F1x.30) diagnostiziert.

Ein Entzugssyndrom kann auch ohne vorherigen Substanzkonsum diagnostiziert werden, wobei konditionierte Reize als Auslöser fungieren. Die Diagnose sollte in diesem Fall durch den Schweregrad der Störung gerechtfertigt sein.

1.2.2.1 Opioid-Entzugssyndrom (F11.3)

Das charakteristische Entzugssyndrom bei Opioidentzug umfaßt 12 Symptome, von denen drei für die Diagnosestellung erforderlich sind. Die Symptome müssen nach relativem oder absolutem Entzug bzw. nach der Gabe von Opiatantagonisten zu beobachten sein.

Charakteristische Symptome bei Opioidentzug	
1. Verlangen (craving) nach einem Opiat	2. Rhinorrhoe oder Niesen
3. Tränenfluß	4. Muskelschmerzen oder -krämpfe
5. Abdominelle Spasmen	6. Übelkeit oder Erbrechen
7. Diarrhöe	8. Pupillenerweiterung
9. Piloerektion oder wiederholte Schauer	10. Tachykardie oder Hypertonie
11. Gähnen	12. Unruhiger Schlaf

Im Opioid-Entzug führen kurzwirksame Substanzen nach etwa 6 bis 18 Stunden und länger wirksame Medikamente nach etwa zwei bis vier Tagen

12

zu Entzugssymptomen, die binnen ein bis drei Tagen ihre maximale Intensität erreichen und im weiteren Verlauf innerhalb von ein bis zwei Wochen allmählich abflauen. Über diesen Zeitraum hinaus können jedoch über Wochen hinweg weitere Entzugsbeschwerden wie z. B. Angst, Verstimmung, Schlafstörungen oder auch das Verlangen nach der Substanz anhalten. Die Entzugssymptome sind in der Regel nicht lebensbedrohlich. Als Ausnahme gilt das gemeinsame Auftreten von Diarrhöe und Erbrechen, wodurch ein gefährlicher Flüssigkeitsmangel und Elektrolytverlust entstehen kann. Subjektiv wird der Entzug als hoch aversiv erlebt, wobei die Intensität der Symptome durch allmähliches Absetzen der Substanz gemindert werden kann (Poser & Poser, 1996).

Entzugssymptome sind hoch aversiv, aber nicht lebensbedrohlich

Einflußfaktoren auf den Entzug. Sowohl die Intensität wie auch die Dauer der Entzugssymptome werden durch die HWZ der spezifischen Substanz (lange HWZ geht mit weniger intensiven aber länger anhaltenden Symptomen einher), Einnahmedosis und Einnahmedauer genannt. Höhere Einnahmedosen führen zu intensiveren Entzugssymptomen. Nach etwa dreiwöchigem regelmäßigem Konsum von Opiaten ist mit Entzugssymptomen zu rechnen, wobei bei einer Konsumdauer über drei Monate hinaus ein Intensitätsmaximum der Entzugssymptomatik erreicht ist. Zudem sind psychologische Faktoren wie etwa die Verfügbarkeit von Streßbewältigungsstrategien oder Erwartungseffekte in bezug auf die Intensität der Entzugsbeschwerden von Bedeutung (Kleber, 1996).

Faktoren, die den Entzug beeinflussen: Dosis und Halbwertzeit

Das Verlangen nach einem Opiat (craving) wird im DSM-IV nicht als Kriterium für das Entzugssyndrom definiert. Weiterhin abweichend von der ICD-10 werden statt dessen Fieber und dysphorische Stimmung als mögliche Entzugserscheinungen genannt. Einschränkend weist das DSM-IV jedoch zugleich darauf hin, daß Fieber (ebenso wie Gänsehaut) im Opiat-Entzug selten zu beobachten sind, da diese Symptome Ausdruck schwerer Entzugsprobleme sind und die Patienten in der Regel mit entzugsmildernden Substanzen behandelt werden, ehe das Entzugsstadium so weit fortgeschritten ist.

1.2.2.2 Sedativa- oder Hypnotika-Entzugssyndrom (F13.3)

Das Sedativa- oder Hypnotika-Entzugssyndrom wird in der ICD-10 anhand von elf charakteristischen Symptomen beschrieben. Das Auftreten von drei Symptomen nach dem relativen oder absoluten Entzug rechtfertigt die Diagnose.

Charakteristische Symptome im Sedativa- oder Hypnotikaentzug nach ICD-10:	
1. Tremor der vorgestreckten Hände, der Zunge oder der Augenlider	2. Übelkeit oder Erbrechen
3. Tachykardie	4. Hypotonie beim (Auf)Stehen
5. Psychomotorische Unruhe	6. Kopfschmerzen
7. Insomnie	8. Krankheitsgefühl oder Schwäche
9. Vorübergehende optische, taktile oder akustische Halluzinationen oder Illusionen	10. Paranoide Vorstellungen
11. Krampfanfälle (Grand mal).	

Unterschied zwischen ICD-10 und DSM-IV

ICD-10 und DSM-IV unterscheiden sich in der Beschreibung der charakteristischen Entzugssymptome des Sedativa-/Hypnotikaentzuges deutlich. So fordert das DSM-IV minimal 2 Symptome, die sich jedoch innerhalb weniger Stunden bis zu wenigen Tagen nach dem absoluten oder relativen Entzug entwickeln müssen. Die Symptomliste des DSM-IV umfaßt außerdem als Kriterium eine Hyperaktivität des vegetativen Nervensystems. Im Vergleich zur ICD-10 wird damit ein größeres Spektrum potentieller, in der Literatur wiederholt beschriebener Entzugssymptome wie z.B. Schwitzen, Mundtrockenheit, Hitzewellen etc. abgedeckt.

Angst kann ein Entzugssymptom darstellen

Übereinstimmend mit klinischen Beobachtungen wird darüber hinaus im DSM-IV auch die Entwicklung von Ängsten als mögliches Entzugssymptom genannt. Das DSM-IV bietet die Zusatzkodierung „Mit Wahrnehmungsstörungen" an, die im Fall sensorischer Illusionen oder von Halluzinationen verwendet wird. Als wesentlich gilt, daß der Betroffene nicht den Realitätsbezug verloren hat, d.h. ihm bewußt ist, daß die Halluzinationen substanzbedingte Wahrnehmungen darstellen.

Beide Diagnosekataloge listen lediglich die am häufigsten zu beobachtenden Entzugssymptome auf. Im Entzug von Sedativa/Hypnotika bzw. Anxiolytika der Gruppe der Benzodiazepine werden darüber hinaus in der Literatur jedoch eine ganze Reihe weiterer häufig einsetzender Entzugsbeschwerden aufgelistet. Dieses Spektrum möglicher Entzugssymptome ist ergänzend in Tabelle 2 dargestellt, die in psychische/kognitive und somatische Symptome sowie Perzeptionsstörungen unterteilt ist.

14

Tabelle 2:

Spektrum möglicher Entzugssymptome

Psychische und kognitive Symptome	
Ängste: diffus, phobisch oder panisch	Affektive Symptome: Depression, Reizbarkeit, Affektlabilität
Depersonalisation Derealisation	paranoide Reaktionen verlangsamte Sprache
Gedächtnisstörungen	Konzentrationsstörungen
Somatische Symptome	
Atemnot, Herzrasen, Schwindel	Schlafstörungen/Müdigkeit
Schwitzen, Hitzewellen/Kälteschauer	Kopf-/Muskelschmerzen
Mundtrockenheit	Engegefühl in Brust und Hals
Appetitlosigkeit	Übelkeit, Erbrechen
Schwächegefühl	motorische Unruhe, Zittern
Abdominelle Krämpfe	Durchfall, Verstopfung
Grippeähnliche Symptome	schmerzende, tränende Augen
Perzeptionsstörungen	
Überempfindlichkeit gegenüber: – Licht – akustischen Reizen – taktilen Reizen	verschwommenes Sehen visuelle Halluzinationen metallischer Geschmack verminderte Geruchswahrnehmung
Brennen/Kribbeln der Haut	Parästhesien
Gleichgewichtsstörungen	Koordinationsstörungen

Abrupter versus langsamer Entzug. Die Intensität der Entzugssymptome des Sedativa-/Hypnotikaentzuges kann durch das Entzugsregime beeinflußt werden. Abrupter Entzug führt zu intensiveren Beschwerden als die schrittweise Reduktion der Dosis, wobei im abrupten Entzug – insbesondere von hohen Einnahmedosen – auch eine erhöhte Gefahr für das Auftreten von Krampfanfällen, deliranten Symptomen oder Entzugspsychosen besteht. Treten im Entzug zusätzlich die typischen Symptome eines Delirs auf, so ist nach ICD-10 die Diagnose Sedativa-/Hypnotikaentzugssyndrom mit Delir (F.13.4) zu stellen. Zur Vermeidung schwerwiegender bzw. sehr intensiver Entzugssymptome ist grundsätzlich ein graduierter Entzug der Medikamente zu empfehlen. Der Beginn des Entzugssyndroms wird jedoch unabhängig vom Entzugsregime durch die HWZ der konsumierten Substanz bestimmt, wobei für Benzodiazepine mit kurzer HWZ (5 bis 24 Stunden) etwa 24 Stunden nach dem völligen Entzug bzw. nach Dosisreduktionen um 25 % Entzugssymptome beobachtet wurden. Benzodiazepine mit langer HWZ (> 24 Stunden) rufen demgegenüber erst nach stärkerer Dosisreduktion bzw. im abrupten Entzug nach vier bis sieben Tagen Entzugssymptome hervor (zur HWZ einzelner Benzodiazepine vgl. Liste der Präparate im Anhang, S. 84). Im graduierten Entzug konnten keine Dosiseffekte auf die Intensität und Qualität des Entzugssyndroms nachgewiesen werden (Hallstrom & Lader, 1982). Der Effekt der Einnahmedauer auf die Intensität des Entzugssyndroms erreicht nach etwa einem Jahr der Einnah-

Gradueller Entzug von Medikamenten führt zu weniger Entzugssymptomen als abrupter Entzug

15

me ein Maximum, so daß stärkere Entzugsprobleme infolge längerer Einnahmedauer eher auf psychische Faktoren zurückzuführen sind (Schweizer, Case & Rickels, 1989). Erhöhte Ängstlichkeit und Depression vor Entzugsbeginn wurden als Prädiktoren für ein intensiveres Entzugssyndrom identifiziert (z. B. Schweizer, Rickels, Case & Greenblatt, 1991).

Entzugsverlauf. Entzugssymptome sind in der Regel über etwa vier bis sechs Wochen nach dem absoluten Entzug zu beobachten, wobei ihre Intensität fluktuieren kann. Zudem scheinen einzelne Entzugssymptome zu unterschiedlichen Zeitpunkten im Entzug ein Intensitätsmaximum zu erreichen. So berichten Tyrer, Murphy & Riley (1990) für den graduierten Entzug von Benzodiazepinen (alle 14 Tage Dosisreduktion um 25 %) ein Intensitätsmaximum sensomotorischer Symptome bereits nach der ersten bis zweiten Reduktion, während gastrointestinale und neurologische Symptome erst ein bis zwei Wochen nach dem völligen Absetzen der Medikamente besonders stark in Erscheinung treten. Etwa 10 % bis 15 % der benzodiazepinabhängigen Patienten leiden z. T. weit über den Zeitraum von sechs Wochen hinaus unter Entzugsbeschwerden (sog. prolongiertes Entzugssyndrom; Ashton, 1995). Nach DSM-IV sollte in diesem Fall eine „Persistierende substanzinduzierte Störung" diagnostiziert werden.

Entzugssymptome sind über vier Wochen nach Absetzen von Benzodiazepinen zu erwarten

1.2.2.3 Stimulantien-Entzugssyndrom (F15.3)

Für die Diagnose Stimulantien-Entzugssyndrom wird gefordert, daß nach dem absoluten oder relativen Entzug der Substanz eine Affektstörung (z. B. Traurigkeit oder Anhedonie) sowie zusätzlich mindestens zwei der folgenden Symptome auftreten:

1. Lethargie und Müdigkeit
2. psychomotorische Verlangsamung oder Unruhe
3. Verlangen (Craving) nach stimulierenden Substanzen
4. Appetitsteigerung
5. Insomnie oder Hypersomnie
6. bizarre oder unangenehme Träume.

Entzugssymptome sind etwa eine Woche lang zu beobachten. Als begleitende Merkmale können Stimmungslabilität, Reizbarkeit, Aufmerksamkeits- und Konzentrationsstörungen sowie Depression mit Suizidgedanken auftreten.

1.3 Differentialdiagnose

● *Medikamentenabhängigkeit*

Differentialdiagnostisch ist eine Medikamentenabhängigkeit in erster Linie von *medizinisch indiziertem und angemessenem Medikamentengebrauch* zu trennen. Toleranzentwicklung und Entzugssymptome infolge einer Schmerzmedikation durch Opioide oder infolge längerfristiger Tranquilizergabe bei Angststörungen deuten zwar auf die Entwicklung einer körperlichen Abhängigkeit hin, genügen aber nicht für die Diagnose des Abhängigkeitssyndroms. Zusätzlich müssen weitere Merkmale wie z. B. auffällige Aktivitäten zur Beschaffung der Substanz, erfolglose Versuche, den Substanzkonsum zu kontrollieren oder ein starkes Verlangen nach der Substanz zu beobachten sein. Letzteres wird aber häufig erst im Entzug deutlich und erschwert damit die Differentialdiagnose.

Reine körperliche Abhängigkeit genügt nicht für die Diagnose eines Abhängigkeitssyndroms

Liegt ein Abhängigkeits- bzw. Entzugssyndrom vor, ist die Diagnose eines *schädlichen Gebrauchs psychotroper Substanzen* (entspricht Mißbrauch im DSM) ausgeschlossen. Schädlicher Gebrauch wird nur dann diagnostiziert, wenn der Konsum zu einer Schädigung der körperlichen oder psychischen Gesundheit führt, der Patient die Substanz aber dennoch weiter konsumiert. Sobald jedoch zusätzliche Hinweise auf Toleranzentwicklung, Entzugssymptome oder zwanghaften Substanzgebrauch vorliegen, ist ein Abhängigkeitssyndrom in Betracht zu ziehen.

Für das weitere therapeutische Vorgehen ist es bedeutsam, differentialdiagnostisch zu unterscheiden, ob eine *„reine" Medikamentenabhängigkeit oder Kombinationsformen mit anderen psychotropen Substanzen*, z. B. Abhängigkeit von Alkohol und Medikamenten bzw. von Alkohol, illegalen Drogen und Medikamenten, vorliegt. Im Verdachtsfall können Laborbefunde (z. B. Blutalkoholgehalt, Leberwerte, Drogenscreeningtests im Blut oder Urin) Aufschluß darüber geben, ob ein Patient verschiedene psychotrope Substanzen konsumiert.

Amphetaminmißbrauch bzw. -abhängigkeit kann mit paranoiden Vorstellungen und psychotischen Symptomen einhergehen, die der *Schizophrenie vom paranoiden Typus* ähneln. Durch Amphetamine ausgelöste psychotische Symptome gehen jedoch in Abstinenzphasen allmählich zurück, während akuter Substanzkonsum die Symptomatik verstärkt. Psychotische Symptome bei Amphetaminabhängigkeit sind primär durch Wahnphänomene und Stereotypien gekennzeichnet, während typische Merkmale der Schizophrenie, wie flacher Affekt oder ausgeprägte negative Symptome meist fehlen.

17

Differentialdiagnosen (DD) der Medikamentenabhängigkeit und des Entzugssyndroms

DD der Medikamentenabhängigkeit	Ausschluß
Medizinisch indizierter Konsum	Kriterien für körperliche Abhängigkeit und weitere Diagnosekriterien erfüllt?
Schädlicher Gebrauch	Hinweise auf körperliche Abhängigkeit oder zwanghaften Konsum?
reine Abhängigkeit von Medikamenten oder von mehreren Substanzklassen	Körperliche Untersuchungen, Laborbefunde
DD des Entzugssyndroms	Ausschluß
Symptom durch körperliche/psychische Störung bedingt?	Beobachtung des Symptomverlaufs: Eher gleichbleibende Intensität bei psychischer/körperlicher Störung
Symptome durch Intoxikation mit anderen psychotropen Substanzen	Abnehmende Symptomintensität bei Intoxikation – zunehmende Intensität bei Entzugssymptomen

● *Entzugssyndrom*

Bei Medikamentenabhängigen, die gleichzeitig Medikamente aus verschiedenen Substanzklassen konsumieren, kann eine Unterscheidung zwischen *Intoxikation* und Entzugssyndrom schwierig sein, da Intoxikationssymptome einer Substanz (z. B. von Amphetaminen) den Entzugssymptomen der anderen Substanz (etwa den Sedativa) entsprechen können. Aufschluß über die Symptomgenese liefert dabei die Verlaufsbeobachtung, wobei Intoxikationssymptome über die Zeit hinweg eher abnehmen, während Entzugssymptome in der Regel einige Tage bis Wochen anhalten und zunächst an Intensität zunehmen.

Intensität der Symptome verläuft bei Intoxikation und Entzug unterschiedlich

Entzugssymptome sind schließlich von Symptomen durch *körperliche Erkrankungen* bzw. *psychische Störungen* abzugrenzen. Die Diagnose Entzugssyndrom ist nur dann gerechtfertigt, wenn die auftretenden Beschwerden durch die Reduktion oder Aufgabe des Substanzkonsums bedingt sind. Die Beschwerden im Sedativa-/Hypnotika-Entzug können z. B. auch durch eine Schilddrüsenüberfunktion (Hyperthyreose) oder neurologische Erkrankungen hervorgerufen werden. Die Entscheidung darüber, ob ein Symptom alleine durch den Substanzentzug oder durch andere bzw. vorbestehende Erkrankungen hervorgerufen wurde, ist oftmals jedoch sehr schwierig. Im Analgetikaentzug werden etwa Kopfschmerzen und im Sedativaentzug häufig Ängste beobachtet. Beide Symptome können zugleich auch den ursprünglichen Einnahmegrund darstellen. Die im DSM-IV beschriebene Faustregel, kein Entzugssyndrom zu diagnostizieren, wenn Symptome einer bereits bestehenden psychischen Störung durch den Entzug verschlimmert werden (sog. Rebound-Symptome), löst dieses differentialdiagnostische Problem nicht vollständig. Hinweise auf die Symptomgenese liefert wiederum die Verlaufsbeobachtung: Entzugssymptome sollten nach einiger Zeit an Intensität verlieren, während die Symptome vorbestehender psychischer Störungen eher stabil bleiben. Bei Entzugssymptomen klagen die Patienten zudem häufig über starke Intensitätsschwankungen einzelner Beschwerden. Die zeitliche Begrenzung der Symptomatik ist in einigen Fällen dennoch kein eindeutiges Unterscheidungskriterium, da etwa nach dem Entzug von Benzodiazepinen einige Patienten noch über Monate hinweg über anhaltende Entzugssymptome wie z. B. Ängste, Depression oder Schlafstörungen klagen und dies zu Fehldiagnosen führen kann. Aus therapeutischer Sicht ist diese diagnostische Unterscheidung bezogen auf die Auswahl therapeutischer Maßnahmen weniger bedeutsam, da unabhängig von der Symptomgenese vergleichbare Interventionen zum Einsatz kommen. Im Fall persistierender Entzugsbeschwerden ist eventuell aber zunächst mit eingeschränkten therapeutischen Effekten zu rechnen. Eine erfolgreiche Behandlung der zur Medikamenteneinnahme führenden primären psychischen Störung bzw. persistierender Entzugssymptome erscheint im Hinblick auf eine Rückfallprophylaxe in jedem Fall wesentlich.

Die Symptomgenese ist für die Auswahl der Therapietechniken sekundär

1.4 Epidemiologische Daten

Medikamentenabhängigkeit. Während recht umfassendes Datenmaterial zum Medikamentenkonsum aus repräsentativen Erhebungen in der Bevölkerung und der Analyse von Apothekenverkaufszahlen bzw. Verordnungsdaten besteht, ist nur wenig über die Prävalenz und Inzidenz der Medikamentenabhängigkeit in der Allgemeinbevölkerung bekannt. Für Deutschland haben bislang nur Wittchen & von Zerssen (1987) Daten zur Lebenszeit-Prävalenz der Medikamentenabhängigkeit vorgelegt. Demnach werden 1,7 % der Bevölkerung zu irgend einem Zeitpunkt in ihrem Leben medikamentenabhängig. Neueres Zahlenmaterial auf der Basis der aktuellen Diagnosekriterien liegt leider nicht vor. Die Untersuchungen zum Konsum psychotroper Medikamente werden daher als ergänzende Informationsquellen dargestellt.

Lebenszeit-prävalenz 1,7 %

Konsum psychoaktiver Substanzen. In der Repräsentativerhebung zum Gebrauch psychoaktiver Substanzen aus dem Jahre 1997 (Kraus & Bauernfeind, 1998) gaben 11,5 % der Männer und 19,5 % der Frauen im Alter von 18 bis 59 Jahren an, mindestens einmal pro Woche psychoaktive Medikamente zu konsumieren. In der Altersgruppe der 50-59jährigen lag dabei der Anteil sowohl bei Männern mit 19 % als auch bei Frauen mit 28,3 % am höchsten.

Verteilt auf die einzelnen Gruppen psychoaktiver Medikamente wurden demnach am häufigsten Schmerzmittel (10,9 %) eingenommen, gefolgt von Beruhigungsmitteln (3 %) und Schlafmitteln (2,4 %). Anregungsmittel (0,9 %) und Appetitzügler (0,8 %) werden vergleichsweise selten konsu-

**Frauen
konsumieren
mehr psycho-
aktive Medika-
mente als
Männer**

miert. Mit Ausnahme der Anregungsmittel liegen die Prävalenzwerte des Medikamentenkonsums bei Frauen deutlich über denen der Männer. 1,4 % aller Befragten gaben an, nicht ohne Schlaf- oder Beruhigungsmittel auskommen zu können (Männer: 0,9 %; Frauen 2 %), obgleich diese Personen nicht unter schwerwiegenden Krankheiten litten.

Fichter, Witzke, Leibl & Hippius (1989) analysierten den Medikamentenkonsum von über 1400 Personen getrennt nach Stoffgruppen. Mindestens einmal in den letzten vier Wochen vor der Befragung hatten 6,9 % der Befragten Benzodiazepine, 3,6 % Barbiturate, 2,2 % Opioide und 1,6 % Psychostimulantien eingenommen.

Abhängigkeitsrisiko von Medikamenten. Remien (1994) schätzte aus dem Verbrauch ärztlich verordneter Arzneimittel die Häufigkeit einer Medikamentenabhängigkeit. Die Ergebnisse dieser Untersuchung sind in Tabelle 4 dargestellt. Das Risiko, als Patient von einem Medikament mit Abhängigkeitspotential tatsächlich abhängig zu werden, ist dieser Studie zufolge bei Benzodiazepinen am höchsten: 11 % aller Benzodiazepin-Patienten sind als abhängig einzustufen. Ein ähnlich hohes Risiko besteht auch bei anderen Hypnotika/Sedativa (insbesondere Barbituraten und Carbamaten), jedoch ist für diese Substanzen eine wesentlich restriktivere Verschreibungspraxis als bei den Benzodiazepinen zu beobachten. Ein geringes Risiko wurde für Opioide und Stimulantien festgestellt, wobei 2,8 bzw. 1 % aller Patienten mit Kontakt zu diesen Substanzen eine Abhängigkeit entwickeln. Die Abhängigkeit von den sog. kleinen Analgetika (incl. Kombinationspräparate) wird von Remien als Randphänomen beschrieben. Dabei ist jedoch zu berücksichtigen, daß kleine Analgetika in der Regel rezeptfrei erhältlich sind und daher Verschreibungsdaten nur eingeschränkt Aufschluß über die Prävalenz der Abhängigkeit von diesen Präparaten geben. Für atropinhaltige Medikamente ergaben sich in der Untersuchung keine Anhaltspunkte für mißbräuchlichen bzw. abhängigen Konsum.

Tabelle 4:
Geschätzte Prävalenz der Medikamentenabhängigkeit und Abhängigkeitsgefährdung von psychotropen Medikamenten nach Remien (1994)

Substanz	manifest abhängig [%]	abhängigkeitsgefährdet [%]
kleine Analgetika	,01	,09
Opioide	,30	keine Angabe
Benzodiazepine	1,50	2,00
Hypnotika/Sedativa*	,60	,27
Stimulantien	,01	,06

* umfaßt Barbiturate, Carbamate, Bromharnstoffe, Chinazolinderivate und Alkoholderivate

Demographie der Abhängigkeit. Für die Abhängigkeit von Benzodiazepinen und anderen Hypnotika/Sedativa wurde ein enger Zusammenhang mit

Alter und Geschlecht festgestellt. Das Risiko einer Abhängigkeit von diesen Substanzen steigt nach dem 40. Lebensjahr insgesamt deutlich an, wobei Frauen mindestens doppelt so häufig von einer Medikamentenabhängigkeit betroffen sind. Stimulantien werden hingegen eher von jüngeren Patienten eingenommen (mittleres Alter = 26,6 Jahre). Nach Kuhs (1994) besteht ein isolierter Mißbrauch von Psychostimulantien gehäuft bei schizophrenen Patienten, welche diese Medikamente zur Verbesserung ihrer krankheitsbedingten Antriebsminderung einnehmen.

1.5 Verlauf und Prognose

Da Benzodiazepine die am häufigsten mißbräuchlich bzw. abhängig konsumierte Substanzklasse bei Medikamentenabhängigkeit darstellen, konzentriert sich die Forschung in weiten Teilen ebenfalls auf diese Substanzen, so daß Aussagen zum Verlauf der Störung vor allem für Benzodiazepinabhängigkeit getroffen werden können.

Als reliable Korrelate des Benzodiazepin-Konsums sind höheres Alter, weibliches Geschlecht sowie Beeinträchtigungen der körperlichen und/oder psychischen Gesundheit zu bewerten. Ein Einfluß von Beschäftigungsstatus, sozioökonomischen oder geographischen Faktoren (Stadt vs. Land) ist nicht einheitlich belegt. Barnas, Whitworth & Fleischhacker (1993) ermittelten eine Anzahl von Prädiktoren des Langzeitkonsums von Benzodiazepinen (definiert als Einnahme über drei Monate) und damit einer möglichen Abhängigkeitsentwicklung.

Prädiktoren der Entwicklung einer Abhängigkeit von Benzodiazepinen
1. die anfängliche Verschreibung erfolgte aufgrund somatischer Beschwerden
2. es trat zwischenzeitlich eine Verschlechterung dieser Beschwerden ein
3. die Benzodiazepine werden als Schlafmittel eingesetzt
4. es wird eine hohe Tagesdosis eingenommen
5. die Benzodiazepine werden bereits seit längerer Zeit konsumiert

(Barnas, Whitworth & Fleischhacker, 1993)

Dosissteigerungen seit der Ersteinnahme berichteten 37 % der Stichprobe (N = 140), wobei Dosissteigerungen über den therapeutischen Rahmen hinaus selten und insbesondere bei Männern mit zusätzlicher Abhängigkeit von Alkohol bzw. illegalen Drogen beobachtet wurden. Benzodiazepinabhängige wiesen überzufällig häufig in der Familiengeschichte Substanzabhängigkeitsstörungen auf. Substanzmißbrauch bzw. Abhängigkeit in der eigenen Vorgeschichte des Patienten gelten als gesicherter Risikofaktor für die Entwicklung von allen Formen der Medikamentenabhängigkeit.

Entzugs- und Rückfallprävalenz. Einem kleinen Teil der Benzodiazepin-Konsumenten gelingt der Verzicht auf die Medikamente auch noch nach längeren Konsumzeiten relativ problemlos. Mehrheitlich erleben Langzeit-konsumenten jedoch zumindest Entzugssymptome, welche die Abstinenz-absicht zunichte machen können. In einer prospektiven Studie von Rickels, Schweizer, Csanalosi, Case & Chung (1988) entwickelten 72 % der Patienten nach 6-monatiger Benzodiazepin-Einnahme beim Absetzen ein Entzugs-syndrom. In der Untersuchung von Barnas et al. (1993) erwiesen sich Ent-zugsversuche bei 57 % der Benzodiazepin-Patienten als erfolglos; sie wa-ren innerhalb von drei Jahren wieder rückfällig geworden. Ähnliche Hin-weise auf abhängiges Verhalten lieferte auch die Studie von Linden, Bär & Geiselmann (1998): Rund 69 % der Benzodiazepin-Langzeitkonsumenten aus Allgemeinarztpraxen verweigerten eine Medikationspause bzw. den Entzug der Medikamente.

Komplikationen des Entzugs. Im Verlauf des Benzodiazepin-Konsums bzw. der Benzodiazepin-Abhängigkeit kann es zur Entwicklung neuer psychi-scher und psychosomatischer Störungen kommen, die wiederum zur Auf-rechterhaltung des Konsums beitragen. Ashton (1987) berichtete über eine Gruppe von Benzodiazepin-Langzeitkonsumenten, die psychotherapiere-sistente Agoraphobie und/oder Panikattacken, gastroenterologische oder neurologische Störungen entwickelten. Nach dem Substanzentzug besser-ten sich diese Beschwerden weitestgehend, so daß von einer iatrogenen Verursachung auszugehen ist. Wiederholt wurde auch die Entwicklung de-pressiver Verstimmungen bzw. die Exazerbation bestehender Depression und Förderung von Suizidtendenzen (z. B. Cohen & Rosenbaum, 1987; Kay, Fahy & Garside, 1970) als Folge der Benzodiazepin-Medikation beobach-tet. Eine Verstärkung der ursprünglich zur Einnahme führenden Sympto-matik beobachteten auch Luderer, Schulz & Mayer (1995) bei einem Groß-teil ihrer Stichprobe von Benzodiazepin-Konsumenten. Zugleich wurde eine Verbesserung der Beschwerden bei 80 % der Patienten nach dem Entzug festgestellt.

Psychosoziale Faktoren. In ihrer Studie mit 80 Benzodiazepinabhängigen stellten Wendland & Lucius (1989) kaum psychosoziale Auffälligkeiten fest. Die Patienten waren in der Regel beruflich integriert, wenn auch bei 34 % eine Diskrepanz zwischen Ausbildungsniveau und aktuellem beruflichen Status bestand, der als sozialer Abstieg interpretierbar ist. So zeigten sie jedoch kaum Hinweise auf Verwahrlosung oder Kriminalität. Männliche Patienten berichteten häufig von beruflichen Schwierigkeiten, die im Laufe des Benzodiazepinkonsums noch zunahmen. Unabhängig vom Geschlecht fiel eine Häufung gestörter Partnerschaftsbeziehungen auf.

Die Entzugspro-gnose ist bei Benzodiazepi-nen nicht günstig

Langzeitein-nahme kann zu komorbiden Störungen führen

Kaum psychosoziale Auffälligkeiten

Zusammenfassung. Die Befunde zur erhöhten Morbidität bei Benzodiazepin-Patienten und der Nachweis, daß Langzeitkonsum prädiktiv für den weiteren Konsum der Substanz ist, deuten auf eine schlechte Prognose bei unbehandelter Medikamentenabhängigkeit bzw. Benzodiazepinabhängigkeit hin. Im Vergleich zur Normalbevölkerung ist darüber hinaus die Mortalität von Medikamentenabhängigen insgesamt um das zweifache erhöht (Poser, Poser, Thaden, Eva-Kondemarin, Dickmann & Stötzer, 1990).

1.6 Komorbidität

Wie dargestellt, entwickelt sich Medikamentenabhängigkeit häufig im Kontext von Behandlungsversuchen psychischer und/oder körperlicher Befindlichkeitsstörungen. Entsprechend finden sich hohe Komorbiditätsraten mit anderen psychischen Störungen. Die vorliegenden Daten beziehen sich dabei aber fast ausschließlich auf Abhängigkeit von Hypnotika/Sedativa bzw. speziell von Benzodiazepinen.

Komorbide Störungen sind die Regel

● *Abhängigkeit bzw. Mißbrauch von Alkohol*

Die häufigste komorbide Störung bei Abhängigkeit oder Mißbrauch von Hypnotika/Sedativa ist der epidemiologischen Untersuchung von Regier, Farmer, Rae, Locke, Keith, Judd & Goodwin (1990) zufolge *Alkoholmißbrauch bzw. -abhängigkeit.* Die Komorbiditätsrate liegt hier bei 71,3 %. Werden nur Patienten mit Abhängigkeit von Benzodiazepinen betrachtet, schwanken die Angaben zum komorbiden Alkoholmißbrauch/-abhängigkeit zwischen 53 % in den USA (Busto, Romach & Sellers, 1996) und demgegenüber nur 15,7 % in Spanien (Martinez-Cano et al., 1999). Für Alkohol und Hypnotika/Sedativa besteht Kreuztoleranz und -abhängigkeit, d.h. nach der Entwicklung von Toleranzeffekten gegenüber der einen Substanz zeigt auch die andere Substanz verminderte Wirkung und muß entsprechend in höheren Dosen eingenommen werden, um den gewünschten Effekt zu erzielen. Kreuzabhängigkeit impliziert, daß eine Substanz zur Effektpotenzierung oder zur Substitution der anderen eingesetzt werden kann. Alkohol kann also beispielsweise Entzugssymptome des Hypnotika/Sedativaentzuges mildern und umgekehrt, was zur Erklärung der hohen Komorbidität beider Störungen beiträgt. Amphetaminabhängigkeit geht häufig mit gleichzeitigem Mißbrauch bzw. Abhängigkeit von Alkohol und Benzodiazepinen einher, wobei diese Substanzen zur Verschleierung des Amphetaminmißbrauchs bzw. zur Kompensation der Amphetamineffekte eingesetzt werden.

● *Angst- und affektive Störungen*

Mißbrauch oder Abhängigkeit von Hypnotika/Sedativa weist außerdem hohe Komorbiditätsraten zu *Angststörungen* (43%; Regier et al., 1990) auf.

Besonders häufig leiden die Patienten dabei unter Agoraphobie und Panikstörung, aber auch unter Generalisierter Angststörung oder spezifischen
Phobien.

Obgleich insbesondere Benzodiazepine bei einer *Depression* kontraindiziert sind, da Symptomatik und Suizidtendenzen hierdurch verstärkt werden können, ist auch diese Störung häufig Einnahmeanlaß für Benzodiazepine. Erstmalige depressive Episoden können außerdem als Nebenwirkung
der Benzodiazepin-Einnahme auftreten. Die Zahlen zu komorbider Depression bei stationär behandelten Patienten mit Benzodiazepin-Abhängigkeit
schwanken zwischen 20 % und 33 % (Martinez-Cano et al., 1999; Busto et
al., 1996).

- *Schlafstörungen*

Wesentliches Indikationsgebiet der Sedativa/Hypnotika sind *Schlafstörungen*, so daß von einer hohen Komorbidität auszugehen ist. Der Untersuchung von Martinez-Cano et al. (1999) zufolge leiden rund 35 % der Patienten mit Benzodiazepin-Abhängigkeit unter Schlafstörungen. Dabei handelte es sich in der Mehrzahl um Schlafstörungen, die im Zusammenhang
mit anderen psychischen Erkrankungen (insbes. Angst- und Affektive Störungen) stehen und nur in einem Fall wurde eine primäre Schlafstörung
diagnostiziert.

Komorbide Störungen von Benzodiazepin-Abhängigkeit und -Entzug	
Angststörungen: Agoraphobie/Panikstörung, generalisierte Angststörung, Phobien	31 – 43 %
Depression	20 – 33 %
Alkoholmissbrauch und –abhängigkeit	16 – 53 %
Schlafstörungen	35 %

Bei stationär behandelten Patienten mit Abhängigkeit von Benzodiazepinen
wurde außerdem eine auffällig hohe Rate komorbider *Persönlichkeitsstörungen* (53 %) beobachtet (Busto et al., 1996; Martinez-Cano et al., 1999).

- *Komorbidität bei Abhängigkeit von opioidhaltigen Medikamenten*

Abhängigkeit von opioidhaltigen Medikamenten ist besonders bei Patienten
mit *chronischen Schmerzstörungen* zu beobachten. Kouyanou, Pither & Wessely (1997) stellten bei 8 % der chronischen Schmerzpatienten die Diagnose
Medikamentenabhängigkeit. In 4,8 % der Fälle handelte es sich dabei um
abhängigen Konsum von Opioiden, in 3,2 % der Fälle waren die Schmerzpatienten von Benzodiazepinen abhängig. Hohe Abhängigkeitsraten von kode-

inhaltigen Analgetika und Benzodiazepinen bei chronischen Schmerzpatienten berichtet Hocker (1994) auch für eine deutsche Population.

1.7 Diagnostische Verfahren und Dokumentationshilfen

Nur ein kleiner Teil der Patienten mit Medikamentenabhängigkeit präsentiert sich in der Praxis unmittelbar mit diesem Problem. Viel häufiger stellen sich die Patienten wegen ihrer komorbiden Störungen vor. Hinweise auf Medikamentenmißbrauch oder -abhängigkeit ergeben sich eher beiläufig aus Äußerungen wie „Und die Medikamente wirken auch schon lange nicht mehr wie am Anfang" oder „Ohne die Medikamente würde ich es gar nicht aushalten".

● *Screeningverfahren*

Kurzfragebogen zum Medikamentengebrauch. Mit dieser Skala haben Watzl, Rist, Höcker & Miehle (1991) ein ökonomisches, in der Routinediagnostik einsetzbares Screeninginstrument vorgelegt, anhand dessen Patienten mit möglichem Medikamentenmißbrauch selektiert werden können (siehe Anhang, S. 82). Werden von den 12 Fragen vier oder mehr als zutreffend beantwortet, empfiehlt sich eine genauere diagnostische Abklärung hinsichtlich eines möglichen Abhängigkeitssyndroms.

Diagnostisches Kurz-Interview bei psychischen Störungen (MINI-DIPS). (Margraf, 1994). Es ist ebenfalls zu Screeningzwecken geeignet und erfaßt anhand von neun Fragen die wesentlichen diagnostischen Merkmale von Abhängigkeit und Mißbrauch in Anlehnung an die DSM-IV Kriterien. Aussagen zum Schweregrad der Störung bzw. zum Vorliegen eines Entzugssyndroms können nicht getroffen werden.

MINI-DIPS kann Vorhandensein einer Medikamentenabhängigkeit feststellen

● *Verfahren zur Diagnostik und Abschätzung des Schweregrades*

Zur weiteren Abklärung der im Screening erhobenen Verdachtsdiagnosen bieten sich die in Tabelle 5 dargestellten Interviewverfahren an. Diese orientieren sich in der Regel am DSM-IV oder der ICD-10 und sind zur Diagnostik und Abschätzung des Schweregrades von Medikamentenmißbrauch und -abhängigkeit geeignet.

Tabelle 5:
Überblick zu diagnostischen Interviewverfahren im Bereich der Medikamentenabhängigkeit

Bezeichnung	Autor	Kategorie
SKID für DSM-IV	Wittchen et al., 1997	Strukturiertes Interview
CIDI-SAM	Lachner & Wittchen, 1996	Standardisiertes Interview
IDCL für ICD-10/ DSM-IV	Hiller et al., 1995; 1997	Checkliste

Substance Abuse Modul des Composite International Diagnostic Interviews (CIDI-SAM). (Lachner & Wittchen, 1996). Das Substance Abuse Modul aus dem CIDI kann als eigenständiges Instrument eingesetzt werden. Neben Fragen zu allgemeinen soziodemographischen Daten umfaßt das Interview Fragen zu Quantität und Frequenz des Konsums, diagnosekriterienbezogene Fragen und Verlaufsfragen (Beginn der substanzbezogenen Probleme und letztes Auftreten von Problemen). Erfaßt werden dabei die drei Substanzgruppen Tabak/Nikotin, Alkohol und andere psychotrope Substanzen. Neben der Diagnosestellung ist so eine substanzspezifische Bestimmung von Beginn, Schweregrad und Persistenz des Substanzgebrauchs möglich.

Strukturiertes Interview für Klinische Störungen (SKID). (Wittchen, Zaudig & Fydrich, 1997). Die Sektion E des SKID widmet sich der Diagnostik von Abhängigkeit und Mißbrauch von psychotropen Substanzen im Längs- und Querschnitt (über die letzten 12 Monate). Dem Patienten wird zunächst eine Liste psychotroper Substanzen (Medikamente und illegale Drogen) vorgelegt, um zu bestimmen, welche Substanz(en) der Patient zu sich nimmt. Die Angaben zum Konsummuster (Dauer bzw. Menge) und zum subjektiven Abhängigkeitsgefühl bestimmen den weiteren Interviewverlauf, d. h. ob die Sektion übersprungen oder vollständig durchgeführt wird.

Beispiel:
„Fühlten Sie sich jemals von einem ärztlich verschriebenen Medikament abhängig oder nahmen Sie mehr davon ein, als Ihnen verschrieben wurde?"

Bei der Bestimmung des Schweregrades der Abhängigkeitsstörung wird die schlimmste Woche im letzten Monat zugrundegelegt. Der Schweregrad kann als leicht, mittel oder schwer eingestuft werden, wobei die Anzahl der erfüllten spezifischen Diagnosekriterien und das Ausmaß der psychosozialen Beeinträchtigung für die Schweregradbeurteilung relevant sind. Darüber hinaus liefert das SKID Daten zur Chronologie (z. B. Alter bei Beginn, Dauer der Abhängigkeit) und zum Remissionsstatus des Patienten. Liegen Entzugserfahrungen vor bzw. besteht aktuell ein Substanzentzug, kann ergänzend auch die Diagnose eines substanzspezifischen Entzugssyndroms verifiziert werden.

Beispiel:
„Hatten Sie jemals körperliche oder psychische Entzugserscheinungen, d. h. fühlten Sie sich schlecht, wenn Sie weniger nahmen als gewöhnlich oder ganz damit aufhörten?" „Unter welchen Symptomen litten Sie?"

Internationale Diagnose Checklisten für ICD-10 bzw. DSM-IV (IDCL). (Hiller, Zaudig & Mombour, 1995; 1997). Sie bieten hinsichtlich des Erhebungsvorgehens die größte Flexibilität, da keine vorgegebenen Fragen abzuarbeiten sind, sondern die Diagnostik in freier Exploration anhand der

26

Checklisten erfolgt. Damit erfordern sie zugleich jedoch auch ein besonders Maß an Vertrautheit mit dem klinischen Erscheinungsbild der Störung.
Als Informationsquellen können neben den Angaben des Patienten Daten
aus Krankenakten, Angaben Dritter (Freunde, Angehörige) und Verhaltens-
beobachtungen in das diagnostische Urteil einfließen. Anhand einer Sym-
ptomcheckliste werden zunächst die beherrschenden Symptome eines Patienten erfaßt und auf dieser Basis einzelne Checklisten aus der Gesamtbat-
terie von 32 Listen bearbeitet. Die IDCL erlauben die diagnostische Ein-
ordnung in die Kategorien Abhängigkeit und Mißbrauch und liefern Angaben zu Schweregrad und Verlauf der Störungen.

Bei den IDCL werden zusätzlich Informationen von Krankenakten und Angehörigen herangezogen

> **Beachte:** Screeningfragen zum Medikamentenkonsum sollten zur Routi-
> nediagnostik jedes Patienten gehören. Verdachtsdiagnosen können anhand
> diagnostischer Interviewleitfäden verifiziert werden. Spezialisierte Inter-
> viewmodule wie das CIDI-SAM eignen sich dabei besonders bei Patien-
> ten, für welche die Abhängigkeitsstörung eindeutig im Vordergrund steht.
> Aufgrund der hohen Komorbiditätsraten ist in der Regel jedoch zusätz-
> lich die Abklärung weiterer Diagnosen empfehlenswert. Verfahren wie
> das SKID oder die ICDL decken sowohl die Diagnostik substanzbeding-
> ter Störungen als auch komorbider Störungen ab.

- *Dokumentation von Therapieverlauf und -erfolg*

Tagebuchdaten. Zur Dokumentation des Therapieverlaufes und Therapie-
erfolgs bieten sich insbesondere Tagebuchdaten an. Aufzeichnungen zum
Substanzkonsum, dem Verlauf der Entzugssymptomatik sowie dem Übungsaufwand und -erfolg der häuslichen Übungen einzelner therapeutisch ver-
mittelter Techniken liefern dabei Anhaltspunkte für das weitere therapeutische Vorgehen und bilden Therapiefortschritte ab (vgl. Beispiel eines Tage-
buchprotokollbogens vgl. Anhang, S. 85). Die Tagebuchdaten dienen daneben auch unmittelbar therapeutischen Zwecken: Aus Tagebuchdaten erstell-
te Verlaufsdiagramme können dazu dienen, Patienten weiterhin für die Behandlung zu motivieren. Die Angaben zu den häuslichen Übungen verdeutlichen den Zusammenhang zwischen aktiver Mitarbeit des Patienten und
therapeutischen Fortschritten bzw. können im Falle therapeutischer Mißerfolge wichtige Hinweise liefern.

Symptomlisten. Zusätzlich zu den Tagebuchdaten kann der Entzugssym-
ptomverlauf anhand von substanzspezifischen Symptomlisten erfaßt werden. Eine Befindlichkeitsskala zur Erfassung des Opioidentzugssyndroms
wurde von Loimer, Linzmayer, Grünberger & Presslich (1988) vorgelegt.
Die Entzugssymptomatik im Benzodiazepinentzug läßt sich anhand der von
uns entwickelten Benzodiazepin-Entzugssymptomliste (BZ-SL; Elsesser,
1996; vgl. Anhang, S. 83) quantifizieren. Ergänzende Informationen liefern
darüber hinaus unspezifische Symptomlisten wie z. B. die Beschwerden-
liste von von Zerssen (1976).

Zielerreichungsskalen. Als hilfreiche Instrumente in der Therapieplanung und -erfolgskontrolle sowie für den therapeutischen Prozeß selbst sind sog. Zielerreichungsskalen einsetzbar (Schulte, 1996). Gemeinsam mit dem Patienten werden dabei möglichst konkrete Therapieteilziele bestimmt, vom Patienten nach ihrer subjektiven Bedeutsamkeit eingestuft und festgelegt, unter welchen Bedingungen das jeweilige Teilziel als erreicht gelten kann. Ebenso wird festgehalten, welche Veränderung als Verschlechterung des aktuellen Zustandes zu werten ist und wie die aktuelle Situation/das aktuelle Verhalten aussieht, wobei eine möglichst verhaltensnahe Beschreibung empfohlen wird. Schulte (1996) schlägt zur Operationalisierung von Istzustand, Zielzustand und dem Zustand der Verschlechterung eine Ratingskala mit sechs Stufen vor, anhand derer Therapeut und Patient im Therapieverlauf Veränderungen einschätzen können.

-1	0	1	2	3	4
Verschlechterung	keine	Zielerreichung zu:			
	Veränderung	25%	50%	75%	100%

Abbildung 1:
Skala zur Einschätzung des Therapieerfolges durch Patient und Therapeut

2 Störungstheorien und -modelle

2.1 Physiologische Wirkungsweise psychoaktiver Substanzen im Gehirn

Psychoaktive Substanzen interagieren mit Neurotransmittern

Psychoaktive Substanzen entfalten ihre physiologische und psychologische Wirkung, indem sie mit Neurotransmittersystemen des Gehirns interagieren. Sie können deren Wirkung erhöhen oder blockieren. Ihre Wirkung kann spezifisch auf ein bestimmtes System abzielen oder mehrere beeinflussen. Manche Hirnareale sind bevorzugt durch ein bestimmtes Neurotransmittersystem versorgt; ihre Funktionen werden auch am stärksten durch die auf sie einwirkenden Medikamente verändert. Neurotransmittersysteme beeinflussen auch hormonelle und autonome Systeme, sodaß auch hier psychotrope Medikamente den Anstoß zu einer Vielfalt von Wirkungen geben können. In manchen Fällen ist der zugrundeliegende pharmakologische Prozeß der Wirkung eines Medikaments weitgehend aufgeklärt, wie z. B. bei der schmerzlindernden Wirkung eines Analgetikums, während über andere

Auswirkungen, wie die euphorisierende Wirkung von Rauschdrogen, noch weniger bekannt ist.

2.1.1 Opioide

Schon geringe Mengen von Opiaten entfalten eine deutliche Wirkung. Das läßt den Schluß zu, daß es im Gehirn spezifische Rezeptoren dafür gibt, an die die Substanz gebunden wird und damit ihre physiologische Wirkung entfaltet. Tatsächlich gelang in den 60er und 70er Jahren der Nachweis von spezifischen Rezeptoren für Opiate. Dies wiederum deutete darauf hin, daß es körpereigene Substanzen geben muß, die eine ähnliche molekulare Struktur und Funktion wie Opiate besitzen. Sie wurden kurz darauf identifiziert, die Enkephaline und Endorphine (Hughes et al., 1975). Untersuchungen an Menschen und Tieren ergaben, daß sie bei Schmerzen und belastenden Ereignissen vermehrt produziert werden (Abbildung 2) und daß ihr Spiegel bei Depression oder chronischem Schmerz erniedrigt ist. Eine hohe Dichte von Rezeptoren ist, unter anderem, im Rückenmark nachgewiesen worden, von wo aus vermutlich die analgetische Wirkung vermittelt wird, in subkortikalen Kernen, die die Atmung und auch z.B. den Hustenreflex regulieren, in Hypothalamus und Hypophyse, welche die Hormonproduktion regulie-

Es gibt spezifische Opiatrezeptoren im Gehirn

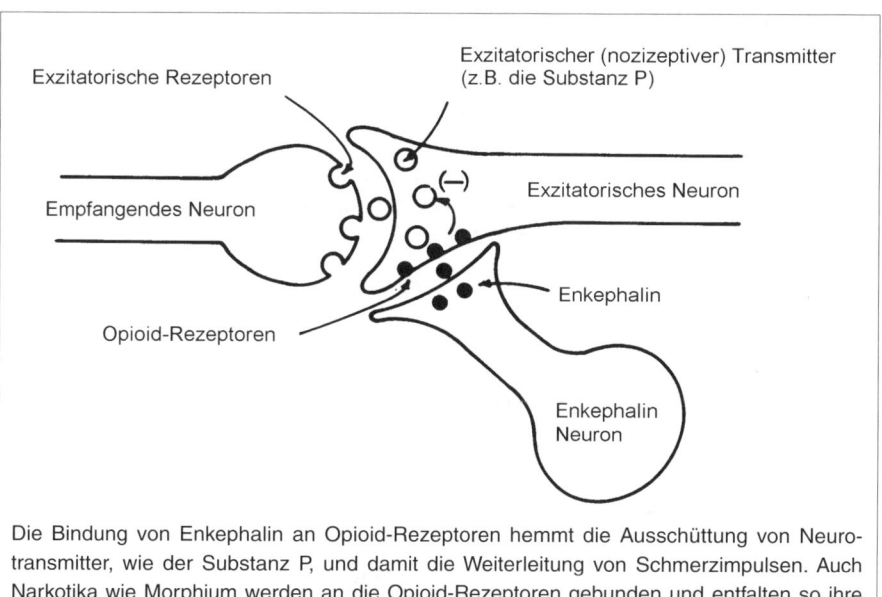

Die Bindung von Enkephalin an Opioid-Rezeptoren hemmt die Ausschüttung von Neurotransmitter, wie der Substanz P, und damit die Weiterleitung von Schmerzimpulsen. Auch Narkotika wie Morphium werden an die Opioid-Rezeptoren gebunden und entfalten so ihre analgetische (schmerzhemmende) Wirkung.

Abbildung 2:
Präsynaptische Hemmung durch enkephalinerge Neuronen

ren, und schließlich in locus coeruleus, nucleus accumbens, Amygdala und Striatum und in geringer Konzentration auch im Hippocampus und in Assoziationsarealen der Hirnrinde. Rezeptoren im limbischen System und an der Hirnrinde sind vermutlich an der stimmungsaufhellenden und bewußtseinsverändernden Wirkung der Substanzen beteiligt.

Es wird angenommen, daß die wiederholte Zufuhr von Opiaten die körpereigene Produktion von Endorphinen und Enkephalinen unterbindet. Somit treten bei ausbleibender Einnahme Entzugserscheinungen auf.

2.1.2 Sedativa

Barbiturate sind schwere Dämpfungsmittel

Barbiturate haben eine generell hemmende Wirkung auf das Gehirn, indem sie den Neurotransmissionsprozeß verlangsamen. Vorrangig ist davon aber die formatio reticularis betroffen, ein Areal, das eine unspezifisch aktivierende Wirkung auf die Hirnrinde ausübt. Bei erhöhter Dosis haben Barbiturate auch eine hemmende Wirkung auf lebenswichtige Funktionen wie die Atmung. Von der allgemeinen Dämpfung sensorischer Funktionen ist die Schmerzwahrnehmung ausgenommen. Schmerzen werden noch bei hoher Dosis knapp vor Erreichung des Komas empfunden.

Benzodiazepine interagieren mit dem GABAergen System

Benzodiazepine werden an spezifische Rezeptoren gebunden, die Teil des GABA-Systems (Gamma-Aminobuttersäure) darstellen. GABA ist der am weitesten verbreitete hemmende Neurotransmitter im Gehirn und wird von 20 bis 40 % aller Neuronen abgesondert (Abbildung 3). Benzodiazepine verstärken die hemmende Wirkung, die das GABA-System auf andere Neurotransmittersysteme ausübt. Eine hohe Rezeptordichte wurde im limbischen System gefunden, wodurch vermutlich die anxiolytische Wirkung zustandekommt, im Cerebellum und in der formatio reticularis, die unter anderem auch die Muskelaktivität regulieren – Benzodiazepine haben eine muskelentspannende, antikonvulsive Wirkung – und im Hippocampus und in der Hirnrinde. Es wird angenommen, daß langdauernde Einnahme von Benzodiazepinen kompensatorische Veränderungen der Rezeptorsensibilität bewirken. So kommt es wahrscheinlich zu einer Erhöhung der Rezeptordichte. Beendigung der Einnahme führt zur Unteraktivierung des GABAergen Systems und damit zur erhöhten Aktivierung der betroffenen Hirnstrukturen.

Tabelle 6:
Hirnbereiche mit hoher Konzentration von GABA und vermutliche Wirkungsweise von Benzodiazepinen

Hirnareal	Wirkung
Basalganglien	Muskelentspannung, antikonvulsive Wirkung
Cerebellum (Kleinhirn)	Muskelentspannung, antikonvulsive Wirkung
Hippocampus	Störung der Gedächtnisfunktion
Hypothalamus	Anxiolytische Wirkung

30

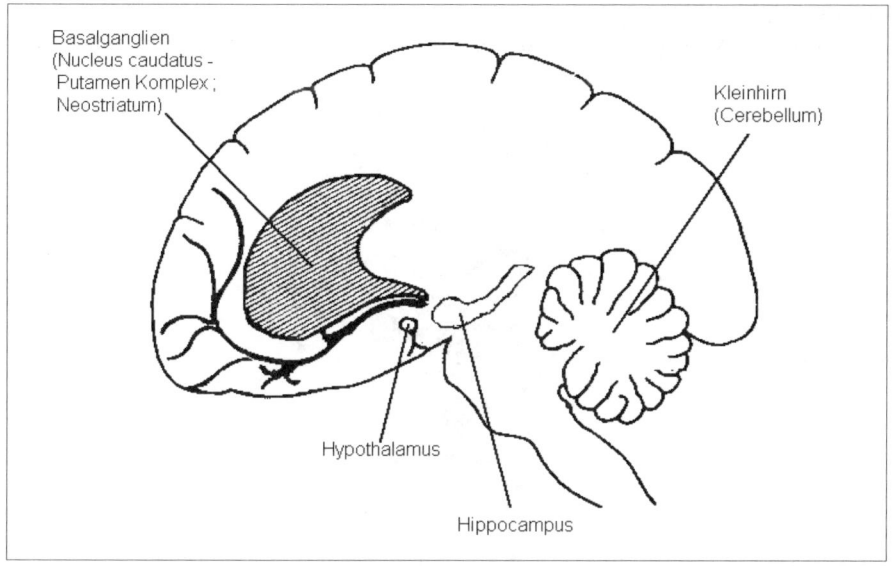

Abbildung 3:
Wirkungsbereiche der Benzodiazepine

2.1.3 Stimulantien

Amphetamine haben eine generell exzitatorische Wirkung auf das gesamte Nervensystem. Sie haben vor allem eine stimulierende Wirkung auf das retikuläre Aktivierungssystem (Abbildung 4) und damit eine unspezifisch anregende Wirkung auf die gesamte Hirnrinde. Amphetamine haben aber auch eine spezifische anregende Wirkung, z. B. auf das Atemzentrum und auf Bereiche des Hypothalamus, der Hungergefühle reguliert; letztere führte dazu, dass Amphetamine als Appetitzügler eingesetzt wurden. Insgesamt führt die Einnahme von Amphetaminen zu erhöhter Vigilanz, Zunahme des Selbstvertrauens, verstärkter Sprech- und motorischer Aktivität und Stimmungsaufhellung. Die belohnende Wirkung soll auf die Aktivierung des nucleus accumbens zurück zu führen sein.

Ihre pharmakologische Wirkung üben Amphetamine durch die Ausschüttung von Katecholaminen aus. Das betrifft in erster Linie Noradrenalin, aber auch Dopamin und bei hoher Dosis auch Serotonin. Letztere soll mit den psychotischen Symptomen einhergehen, die ebenfalls auftreten können. Längerdauernde Einnahme führt zu einer Abnahme postsynaptischer Rezeptorendichte.

Amphetamine regen die Monoaminaktivität an

Wie in Abbildung 4 dargestellt, erhält das retikuläre aktivierende System über kollaterale Nervenleitungen Impulse von den afferenten (aufsteigenden) somatosensorischen Bahnen und aktiviert über Thalamuskerne und

31

ein diffuses Projektionssystem das gesamte Hirnrindenareal. Barbiturate dämpfen die Aktivierung, während Amphetamin sie steigert.

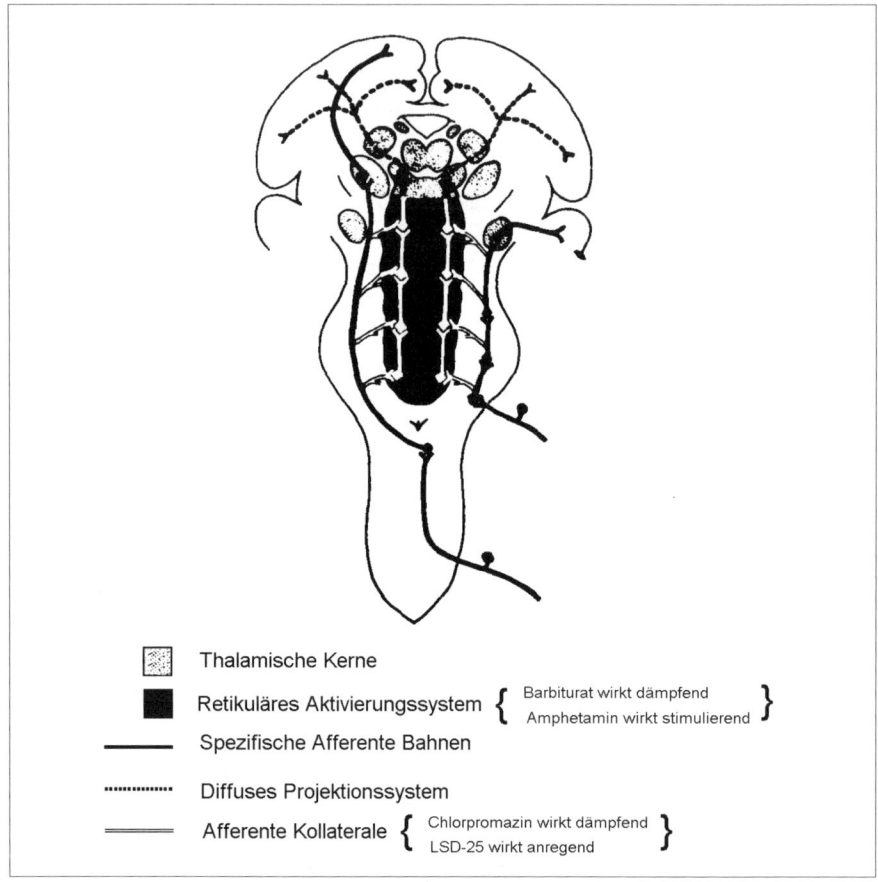

Abbildung 4:
Das retikuläre aktivierende System

2.2 Psychologische Modelle der Substanzabhängigkeit

Erklärungsansätze. Es gibt im wesentlichen vier Erklärungsansätze für Medikamentenmißbrauch und -abhängigkeit:

1. soziokulturelle Überlegungen,

2. Persönlichkeitsmodelle,

3. Ansätze, die Lernerfahrungen in den Vordergrund rücken, und

4. genetisch-biologische Modelle.

32

Bei den meisten Formen der Abhängigkeit wird von einer Mischung aller vier Faktoren ausgegangen. So kann angenommen werden, daß während der Entwicklung der Abhängigkeit unterschiedliche Faktoren ausschlaggebend sind, anfänglich etwa soziokulturelle Einflüsse, wie der Medikamentenkonsum in der Peer-Gruppe, und nach längerer Zeit der Einnahme schließlich körperliche Abhängigkeit.

2.2.1 Soziokulturelle Perspektiven

Beim Medikamenten- und Drogenkonsum stellt die Verfügbarkeit der Substanz einen wesentlicher Faktor dar. Als Beispiel diene der plötzliche Anstieg des Drogenkonsums in Pakistan gegen Ende der Siebzigerjahre. Wegen der Revolution in Iran zogen Heroinproduzenten zu dieser Zeit mit ihrer Ausrüstung nach Pakistan, wonach die Droge auch dort auf den Markt kam. Innerhalb weniger Jahre gab es etwa eine halbe Million Heroinabhängige in Pakistan, nachdem es vorher dort fast keine Heroinkonsumenten gegeben hatte. Umgekehrt beendete eine große Anzahl von Vietnamveteranen den Drogenkonsum nach ihrer Heimkehr aus dem einfachen Grund, daß die Drogen für sie nun nicht mehr zugänglich waren (Robins et al., 1974).

Substanzabhängigkeit entsteht durch Verfügbarkeit

Bei Jugendlichen wird davon ausgegangen, daß besonders solche Kinder ein Risiko für Drogenkonsum haben, die, vielleicht wegen einer komorbiden Störung wie der antisozialen Verhaltensstörung, keine Freundschaften in ihrer Klasse entwickeln. In der Adoleszenz suchen sie dann Anschluß unter ähnlichen, außerhalb des regulären sozialen Rahmens stehenden Personen, bei denen eine erhöhte Akzeptanz und Vorbildwirkung für Drogenkonsum besteht.

„Problemkinder" haben ein höheres Risiko für Substanzabhängigkeit

Des weiteren wird angenommen, daß Substanzmißbrauch eine Reaktion auf sozio-ökonomische Belastung darstellt, da vielfach Personen niedrigen Einkommens davon betroffen sind. Solche Befunde sind jedoch nur schwer von der schädlichen Auswirkung teurer Drogen auf die wirtschaftliche Lage der Konsumenten, die häufig in sozialer Verelendung und Beschaffungskriminalität endet, zu trennen.

Die Verordnungsgewohnheiten von Ärzten unterscheiden sich von Land zu Land. So ergaben Statistiken, daß in manchen Ländern wie z. B. Belgien, Spanien, England und Deutschland häufiger Tranquilizer eingenommen wurden als in anderen europäischen Ländern. Darüber hinaus scheint die Akzeptanz von medizinisch verordneten Medikamenten wie Benzodiazepinen sich in verschiedenen Bevölkerungsgruppen zu unterscheiden. Tranquilizer werden häufiger in der niedrigen sozio-ökonomischen Schicht und von Frauen über 40 eingenommen. Die Mittelschicht sucht bei psychologischen Problemen statt dessen eher therapeutische Hilfe.

Medikamentenakzeptanz ist eine Voraussetzung für Abhängigkeit

2.2.2 Persönlichkeitsmodell

Manche Personen werden bei Einnahme einer psychoaktiven Substanz sehr schnell darauf süchtig, während andere dabei bleiben, sie nur zeitweise, etwa zur Entspannung, zu nehmen. Die Entwicklung der Sucht setzt nach der Meinung von Persönlichkeitsforschern eine bestimmte „Suchtpersönlichkeit" voraus. Dieser Ansatz entwickelte sich aus dem psychoanalytischen Denkansatz über die Sucht. Persönlichkeitstests erbrachten im Einklang damit auch erhöhte Scores bei Ängstlichkeit, Depression, aber auch Impulsivität und antisozialen Tendenzen (Gossop & Eysenck, 1980). Solche Untersuchungen an bereits Süchtigen geben freilich wenig Aufschluß darüber, ob die „abnormalen" Persönlichkeitsscores eine Voraussetzung oder Folge der Sucht sind. Eine Längsschnittuntersuchung, die zuerst an Kindergartenkindern durchgeführt wurde, die in der Adoleszenz wieder untersucht wurden, ergab, daß spätere Drogenkonsumenten als Kinder durch antisoziales Verhalten, Impulsivität, „sensation seeking" und Depression auffielen (Masse & Tremblay, 1997). Diese Merkmale sind jedoch nicht spezifisch für spätere Drogensucht, sondern Ausgangspunkt einer großen Anzahl von psychischen Auffälligkeiten. Aus den bisherigen Befunden kann somit nicht auf das Vorhandensein einer spezifischen Suchtpersönlichkeit geschlossen werden.

Das Vorhandensein einer „Suchtpersönlichkeit" konnte nicht nachgewiesen werden

2.2.3 Verhaltensmodell/Konditionierungsmodell

Verhaltensverstärkende Wirkung von Substanzen. Dieser Ansatz betont vor allem die verhaltensverstärkende Wirkung von Substanzen. Demnach werden sie eingenommen, weil sie eine Linderung von Schmerzen oder Angstzuständen bewirken und statt dessen einen angenehmen Zustand erzeugen (= negative Verstärkung). Die belohnende Wirkung von Substanzen wurde in Tierversuchen ermittelt, in denen man fand, daß Tiere schnell lernen, für die Verabreichung bestimmter Substanzen zu „arbeiten". So betätigten sie Hebel, wenn sie dafür Opiate injiziert bekamen (= positive Verstärkung). Aber auch dopaminerge Aktivierung scheint eine belohnende Wirkung zu haben. Die belohnende Wirkung führt dazu, daß die Substanz häufiger oder in der Folge auch mit höherer Dosis eingenommen wird. Dementsprechend sollten psychologische Probleme zur erhöhten Einnahme von Substanzen führen, die eine vorübergehende Linderung des unangenehmen Zustands bewirken. Man fand, daß Depressive erhöhten Substanzmißbrauch während klinisch depressiver Episoden aufweisen (Hasin et al., 1985). Personen mit einer posttraumatischen Belastungsreaktion entwickeln ebenfalls häufiger als andere eine Form der Substanzabhängigkeit (Najavits et al., 1998). Dabei kann es sich um euphorisierende Drogen wie Kokain handeln, das die Betreffenden das belastende Ereignis vergessen macht, oder um Tranquilizer, die beruhigend wirken und den Durchschlaf ermöglichen. Nach diesem Modell stellt der Substanzmißbrauch somit eine Form der

Die beschwerdenlindernde Wirkung von Medikamenten ist verstärkend

Selbstmedikation dar, mit der die Süchtigen aversive Zustände zu vermeiden lernen. Für die Behandlung der Abhängigkeit ergibt sich daraus, daß auch alle anderen psychologischen Störungen erfaßt und in den Behandlungsplan miteinbezogen werden müssen.

Belohnungsschaltkreis. Bei der neuroanatomischen Suche nach einem Belohnungszentrum oder -schaltkreis im Gehirn wurden Tieren Elektroden in verschiedenen Hirnregionen eingesetzt, über die sie sich selbst mit einem Hebeldruck einen leichten elektrischen Stromstoß versetzen konnten, d. h. sich selbst stimulierten (Olds, 1956). Auf diese Weise konnte man eine Reihe von Arealen identifizieren, bei denen Tiere mit großer Geschwindigkeit und über lange Zeit Hebeldrucke ausführten, während sie bei der Einpflanzung der Elektrode in andere Areale sofort davon abließen. Es wird davon ausgegangen, daß die Stimulation ersterer Bereiche einen angenehmen Zustand hervorruft, während die letzterer eine bestrafende Wirkung hat. Auf diese Weise wurde gefunden, daß unter anderem die Stimulation vieler Bereiche des Frontalhirns wie des nucleus accumbens eine belohnende Wirkung hat, ebenso wie die des limbischen Systems, der substantia nigra und anderer Areale. Eine Integration der Befunde ist bisher nicht gelungen, doch scheint das dopaminerge System in vielen der belohnenden Areale den wesentlichen Neurotransmitter darzustellen. Kürzlich erbrachte Befunde bildgebender Verfahren bestätigten, daß das Striatum (Nucleus caudatus, Nucleus accumbens und Putamen) in den Belohnungsschaltkreis eingebunden ist und das dopaminerge System eine wesentliche Rolle spielt (Volkow et al., 1997). Manche Substanzen wie Kokain und Amphetamin führen unmittelbar zur Stimulation des Dopaminsystems, während man bei anderen annimmt, daß der Belohnungsschaltkreis auf „Umwegen" angeregt wird (Goldstein, 1994). Auch andere als angenehm empfundene Dinge wie Musik hören können den Belohnungsschaltkreis anregen. Für die psychologische Behandlung folgt aus diesem Modell, daß die bisher belohnende Wirkung der Substanz durch eine ebensolche, aus anderen Aktivitäten resultierende, ersetzt werden sollte.

Suchtsubstanzen aktivieren einen „Belohnungsschaltkreis" im Gehirn

Es empfiehlt sich, sicher zu stellen, daß diese Aktivitäten den Klienten tatsächlich Freude bereiten. Unter Umständen könnte die Liste zur Erfassung von Verstärkern (LEV) vorgelegt werden.

„Substitutions-Aktivitäten" bei Entzug
Die Aktivierung des „Belohnungsschaltkreises" durch andere Aktivitäten als die der Medikamenteneinnahme könnte den Entzug erleichtern. Hier einige Vorschläge: – Musik hören – Tanzen – Kuscheln (sofern geeigneter Partner zur Verfügung steht) – Ein Haustier streicheln (sofern geeignetes Haustier vorhanden ist)

Klassische Konditionierung. Auch klassische Konditionierung wurde mit Substanzabhängigkeit in Verbindung gebracht (Childress, McLellan & O'Brian, 1984). Es wurde beobachtet, daß Opiatsüchtige, die nach dem Entzug während des Klinikaufenthalts keine Suchtreaktion („craving") mehr verspürten, dennoch innerhalb kurzer Zeit nach ihrer Rückkehr in ihre gewohnte Umgebung wieder rückfällig wurden. Es stellte sich heraus, daß die Klinikumgebung für Süchtige keinen Aufforderungscharakter hat, da sie nicht mit Drogeneinnahme assoziiert ist. Die gewohnte Umgebung, in der die Drogen eingenommen wurden, ist aber stark damit assoziiert, weshalb sie auch wieder zur Suchtreaktion und Wiederaufnahme des Konsums führt. Suchtreaktionen konnten auch mit Teilreizen, die mit der Drogeneinnahme in Verbindung stehen, etwa einer Spritze, erzeugt werden. Es ist noch nicht völlig geklärt, ob die dabei entstehende Reaktion der Drogeneinnahme oder dem Entzug entspricht. Es ist anzunehmen, daß der jeweilige Zustand der Süchtigen dabei eine Rolle spielt. Bei einem Vergleich von Heroinkonsumenten, die auf ein Methadonprogramm warteten, mit Methadonbenützern und früheren Opiatkonsumenten, die nun auch dem Methadon entwöhnt wurden, erzeugte ein Videofilm einer Drogenaufbereitung bei denen, die noch Heroin einnahmen, eine angenehme Stimmung, während er bei den beiden anderen Gruppen zur Verschlechterung der Stimmung führte (Legarda et al., 1990). Es ist anzunehmen, dass situative Reize auch bei Medikamentenabhängigkeit bedeutsam sind, doch sind sie bisher noch nicht untersucht worden.

Situative Reize. O'Brien et al. (1975) stellten fest, daß der Tod bei Drogeneinnahme nicht sosehr, wie vorher angenommen, durch eine Überdosis entsteht, sondern häufiger dadurch, daß die Droge in einer ungewohnten Umgebung eingenommen wurde. Untersuchungen an Tieren (Siegel, 1976) lassen ebenfalls den Schluß zu, daß eine Umgebung, die mit Drogeneinnahme assoziiert ist, auch zu höherer Toleranz führt. Solche Befunde weisen darauf hin, daß klassische Konditionierung vermutlich schon auf dem Rezeptorniveau bei Substanzabhängigkeit und Konsumgewohnheiten eine wichtige Rolle spielt. Für die Behandlung ergibt sich daraus, daß die „craving" Reaktion zu Reizen mit Aufforderungscharakter habituiert werden muß, bevor Patienten in ihre gewohnte Umgebung entlassen werden können.

2.3 Genetisch-biologische Faktoren

Während die Beteiligung genetischer Disposition am Alkoholismus weitgehend nachgewiesen ist, herrscht keine Übereinstimmung zwischen klinischen Forschern hinsichtlich der Vererbung von Faktoren, die zur Abhängigkeit von anderen Substanzen beitragen. Es wurden Untersuchungen an Familien, Zwillingen und adoptierten Kindern durchgeführt. Darüber hinaus wurden auch genetische Linkage Untersuchungen durchgeführt, die

Substanzabhängigkeit mit Rezeptorabnormalitäten des dopaminergen Systems in Verbindung brachten (Blum & Noble, 1993).

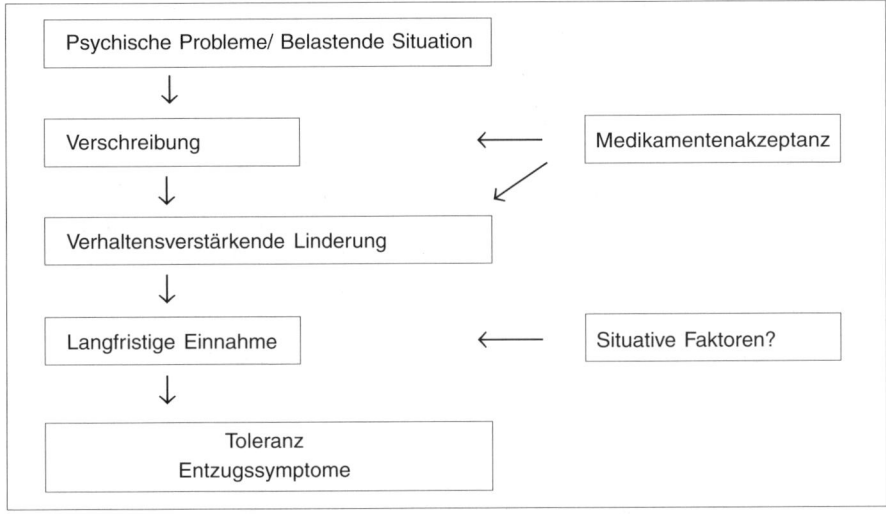

Abbildung 5:
Entwicklung der Medikamentenabhängigkeit

3   Diagnostik und Indikation

Im Rahmen der Eingangsdiagnostik sollten differentialdiagnostische Aspekte geklärt, die Basis der Verhaltensanalyse geschaffen und Fragen der Behandlungsmotivation und differentiellen Therapieindikation angesprochen werden. Für medikamentenabhängige Patienten lassen sich damit drei grundlegende Bereiche der Eingangsdiagnostik beschreiben:

3 grundlegende Bereiche der Eingangsdiagnostik

1. Exploration der Abhängigkeitsanamnese und der aktuellen Konsumsituation

2. Abklärung des psychopathologischen Gesamtbildes und

3. medizinische Beurteilung.

3.1 Exploration der Abhängigkeitsanamnese und aktuellen Konsumsituation

Die Abhängigkeitsanamnese sollte folgende Aspekte ansprechen:

● *Beginn, Anlaß und Art des Medikamentenkonsums*

Patienten mit Abhängigkeit bei geringer Dosis (Niedrigdosis) geben in der Regel als ursprünglichen Einnahmeanlaß psychische und/oder körperliche Beschwerden an, während ein Erstkonsum zu Rausch- oder Substitutionszwecken besonders bei Patienten mit multiplem Substanzmißbrauch und Abhängigkeit von hohen Medikamentendosen zu beobachten ist. Dies schließt jedoch nicht aus, daß auch ursprünglich medizinisch verordneter Medikamentenkonsum in einer sog. Hochdosis-Abhängigkeit oder Abhängigkeit von verschiedenen Substanzklassen münden kann.

● *Verlauf des Konsums*

Konsumverlauf liefert Information für Diagnose und Bedingungsanalyse

Zum Verlauf des Konsums sollten folgende Informationen erhoben werden:

– zwischenzeitlicher Wechsel von Einnahmegrund, Präparat und/oder Dosis

– erlebte Veränderungen durch den Konsum zu Beginn und im weiteren Verlauf der Einnahme (z. B. Abnahme der Substanzeffekte im Verlauf)

– Veränderungen des Konsummusters (z. B. Tageszeit, Konsumziele)

– Veränderung der Beschaffungsquelle (z. B. Rezeptbeschaffung über mehrere Ärzte, illegale Beschaffung)

Die Informationen zum Verlauf des Konsums bieten Aufschluß über das Vorhandensein, die Art und Schwere einer Abhängigkeitsstörung.

Zeichen für eine Abhängigkeitsstörung sind:
– Dosissteigerungen
– gleichzeitiger Konsum mehrerer Präparate einer Substanzklasse
– Konsum mit dem Ziel der Verminderung von Entzugssymptomen
– wechselnde Einnahmegründe
– Substanzbeschaffung über Verwandte, mehrere Ärzte oder auf dem schwarzen Markt.

Aus der Verlaufsgeschichte des Konsums lassen sich daneben aber auch wesentliche Informationen für die Bedingungsanalyse der Störung ableiten. Veränderte Konsummuster wie z. B. prophylaktische Einnahme in Er-

38

wartung von Belastungssituationen, die zusätzliche Einnahme weiterer Präparate oder die Begründung der aktuellen Einnahme durch die Unfähigkeit, ohne Medikamente leben zu können, sind Hinweise auf Bewältigungsdefizite, verminderte Kompetenzerwartungen bzw. dysfunktionale Überzeugungen.

● *Aktuelle Konsumsituation*

Die ausführliche Bestandsaufnahme des aktuellen Bildes der Abhängigkeitsproblematik dient der weiteren funktionalen Analyse. Als wesentliche Aspekte sind dabei zu erfassen:

Funktionale Analyse des Konsumverhaltens

– aktueller Einnahmegrund, Präparat(e) und Dosis

– Konsumverhalten in den letzten 4 Wochen: Auslöser, kurz- und langfristige Konsequenzen, typische und besondere Problemsituationen

– Entzugssymptome

Entzugssymptome treten bei Patienten mit Niedrigdosis-Abhängigkeit von Benzodiazepinen häufig zwischen den Einnahmen auf. Zur Vervollständigung des Bildes der aktuellen Störungssituation sollte daher auch ein Fragebogen zur Erfassung von Entzugssymptomen vorgegeben werden. Leider stehen in diesem Bereich nur vereinzelt standardisierte Instrumente zur quantitativen Erfassung von Entzugssymptomen zur Verfügung. Für Patienten mit Benzodiazepin-Abhängigkeit wurde von uns, in Anlehnung an bestehende englischsprachige Instrumente eine Benzodiazepin-Entzugssymptomliste (BZ-SL; siehe Anhang, S. 83) zusammengestellt, die sowohl zur Eingangs- als auch Verlaufsdiagnostik geeignet ist.

● *Konsum anderer Substanzklassen*

Hierbei geht es nicht nur um die Klärung der Frage, ob eine Abhängigkeit von nur einer oder multiplen Substanzklassen vorliegt, sondern auch um die Abschätzung einer möglichen Abhängigkeitsverschiebung während oder nach dem Entzug des Medikamentes. Hocker (1994) beobachtete, daß bei Schmerzpatienten nicht nur typische Analgetika, sondern auch Benzodiazepine zur Symptomlinderung eingesetzt werden. Ein Entzug der Analgetika beim abhängigen Schmerzpatienten könnte in der Folge so zu einem erhöhten Benzodiazepinkonsum führen. Patienten mit Abhängigkeit von Benzodiazepinen oder anderen Beruhigungsmitteln nutzen zum Teil Alkohol, um die Effekte ihrer Medikamente zu potenzieren. Bleibt der Alkoholkonsum in diesen Fällen in der Entzugstherapie unberücksichtigt, besteht sicherlich auch hier eine erhöhte Gefahr für eine Verschiebung der Abhängigkeitsstörung.

Abhängigkeitsverlagerung auf eine andere Substanz

Schließlich sollte auch die Einnahme von anderen Substanzen, für die kein Abhängigkeitspotential bekannt ist, z. B. pflanzliche Präparate zur Beruhi-

39

gung, erfaßt werden. Im Rahmen der späteren Entzugsbehandlung ist zunächst auch der Verzicht auf solche Präparate anzustreben, um Fehlinterpretationen des Therapieerfolges („Das schaffe ich ja nur, weil ich wenigstens noch mein pflanzliches Mittel nehme.") auszuschließen.

● *Folgen des Konsums*

Im Vergleich zu Patienten mit Abhängigkeit von anderen psychotropen Substanzen fallen Medikamentenabhängige in der Regel seltener durch körperliche oder soziale Komplikationen infolge des fortgesetzten Substanzkonsums auf. Besonders Patienten mit Niedrigdosis-Abhängigkeit sind weitestgehend unauffällig, d. h. sie sind beruflich und sozial integriert und leiden unter keinen eindeutigen körperlichen Folgeschäden. Wird das erhöhte Unfallrisiko, durch Beeinträchtigungen der Konzentration, Aufmerksamkeit oder Koordination etwa infolge von Benzodiazepinkonsum berücksichtigt, ist aber auch bei dieser Gruppe von einem erheblichen Ausmaß an körperlichen Komplikationen durch den Substanzkonsum auszugehen. Markantere soziale und körperliche Auffälligkeiten (z. B. Vernachlässigung sozialer Pflichten, Nierenschäden etc.) werden ansonsten eher bei exzessivem Substanzabusus beobachtet.

Ein weiterer Aspekt, der unter diesen Themenbereich fällt, betrifft auch solche Konsequenzen des Konsums, die zur Aufrechterhaltung der Störung beitragen. Zunächst ist dabei zu bedenken, daß Medikamentenkonsum nicht per se als negatives Verhalten von der Umwelt interpretiert wird. Vielmehr kommt durch den Medikamentenkonsum ein Gesundungsbemühen zum Ausdruck und damit ein eher positiv bewertetes Verhalten, welches Verstärkung erhält. Neben dem Versuch, Symptome zu lindern bzw. wieder gesund zu werden, kann der Medikamentenkonsum aber auch noch andere Funktionen erfüllen. Die fortgesetzte Medikamenteneinnahme kann motiviert sein, durch den Wunsch nach Schonraum. Dieses Bedürfnis wird durch die Einnahme von Medikamenten dokumentiert, deren ärztliche Verordnung zusätzlich den Krankenstatus und damit die Schonungs- oder Hilfsbedürftigkeit des Patienten unterstreicht. Fehlen alternative Möglichkeiten, solche Bedürfnisse in der Familie durchzusetzen, kann dies zur Aufrechterhaltung des Abhängigkeitssyndroms beitragen.

Formen des Krankheitsgewinns

● *Abstinenzversuche*

Detaillierte Informationen zu früheren Abstinenzversuchen liefern weitere wichtige Anhaltspunkte für die Verhaltensanalyse der Störung, die Therapieplanung (z. B. hinsichtlich bestehender Ressourcen oder spezifischer Defizite) und über das subjektive Störungsbild des Patienten. Folgende Aspekte sollten dabei thematisiert werden:

– Anzahl und Gründe für bisherige Entzugsversuche
– Verlauf der Entzugsversuche

40

– Gründe für das Scheitern der Abstinenzabsicht

– Aktueller Anlaß der Abstinenz

Die Klärung der aktuellen Entzugsmotivation ist im Hinblick auf die weitere Therapieplanung bzw. Therapieteilzielbestimmung sicherlich von besonderer Bedeutung. Wird der aktuelle Entzugswunsch primär durch Druck von außen begründet (z. B. „Mein Arzt weigert sich, mir die Tabletten weiter zu verschreiben."; „Mein Mann hat gedroht, wenn ich nicht endlich mit den Medikamenten aufhöre, läßt er mich in eine Psychiatrie einweisen."), erscheint in jedem Fall die Motivierung des Patienten vor dem Entzugsbeginn ein notwendiges Teilziel der Behandlung. Hilfreicher Ausgangspunkt können dabei die vom Patienten selbst als negativ eingeschätzten Konsequenzen der fortgesetzten Medikamenteneinnahme sein.

Entzugsmotivation

Um ein umfassendes Bild zum Störungsgeschehen und der Entwicklung der Abhängigkeit zu erhalten, empfiehlt sich auch der Rückgriff auf fremdanamnestische Quellen (z. B. Befragung von Angehörigen oder des behandelnden Arztes, Einsicht in die Krankenakte). Insbesondere bei Verdacht auf ungenaue Angaben zur Konsummenge oder auf zusätzlichen Konsum weiterer Substanzklassen sollten diese Möglichkeiten ausgeschöpft werden. Dabei sind gegebenenfalls auch Laboranalysen zum Nachweis von psychotropen Substanzen im Urin oder Blut in Erwägung zu ziehen, die jedoch zumeist nur relativ kurz zurückliegenden Substanzkonsum erfassen können. Die Angaben zur Konsummenge sind sowohl in der Eingangs- als auch in der Verlaufsdiagnostik von großer Bedeutung, da auf dieser Basis der Entzugszeitplan entworfen wird. Ungenaue bzw. zu wenig Angaben zum Ausmaß des Konsums durch den Patienten gefährden so direkt den Erfolg der Behandlung. Die Gefahr falscher Konsumdaten scheint bei Patienten mit Benzodiazepinabhängigkeit jedoch eher gering. Busto et al. (1986) konnten bei dieser Patientengruppe eine hohe Compliance beobachten, d. h. die im Urin nachgewiesene Menge an Benzodiazepin-Metaboliten entsprach auch während des Entzugs den Patientenangaben, obgleich die Urinkontrollen unangekündigt bzw. nach keinem vorhersehbaren Zeitplan durchgeführt wurden.

Rückgriff auf fremdanamnestische Quellen

Mit dem Trierer Inventar für Medikamentenabhängige (TIM) bereiten Klein, Scheller, Funke & Funke (persönliche Mitteilung; Klein, 1999) derzeit die Veröffentlichung eines Fragebogens vor, der analog zum Trierer Alkoholismusinventar (TAI; Funke, Funke, Klein & Scheller, 1987) entwickelt wurde. Der TIM ist als Differentialdiagnostikum konzipiert und soll auf mehreren Skalen Formen der Medikamentenabhängigkeit abbilden und so Aussagen über therapeutisch relevante Bereiche des Medikamentenkonsums bzw. der Abhängigkeit zulassen. Der TIM umfaßt 81 Items, die z. B. Einnahmemotive („Haben Sie Medikamente eingenommen, um Ärger oder Verstimmungen zu vergessen?"), soziale Aspekte des Konsums („Fühlten Sie sich unter Medikamenteneinfluß eher in der Lage, ihre Ansichten und Überzeugungen auszudrücken?") oder Kontrollverlust („Nahmen Sie mehr Medikamente zu sich, als Sie sich vorgenommen hatten?") thematisieren. Für Patienten, die im letzten halben Jahr mit einem Partner zusammengelebt haben, stehen ergänzend 13 zusätzliche Items zur Verfügung, anhand derer die Bedeutung von Partnerschaftsproblemen für den Konsum erfasst werden soll (Konsum wegen Partnerschaftsproblemen: „ Hatten Sie vor Beginn Ihres Medikamentenkonsums Partnerschaftsprobleme"; Partnerschaftsprobleme wegen des Konsums: „Zog sich Ihr Partner wegen Ihres Medikamentenkonsums von Ihnen zurück?").

3.2 Abklärung des psychopathologischen Gesamtbildes

Man kann zwischen primärer Niedrigdosis-Abhängigkeit infolge von Langzeittherapie, primärer Hochdosis-Abhängigkeit und sekundärer Abhängigkeit unterscheiden, wobei letztere vor allem bei kombinierten Abhängigkeiten (Alkohol, Drogen) auftritt (Ladewig, 1992). Die primäre Niedrigdosis-Abhängigkeit infolge von Langzeittherapie tritt am häufigsten auf. Die Betroffenen weisen eine hohe Rate komorbider, psychologischer Störungen auf, die zur Erstellung des psychopathologischen Gesamtbildes diagnostisch erfasst werden müssen. Als geeignete Screeninginstrumente kann auf die bereits beschriebenen (vgl. Kap. 1.7) diagnostischen Interviews (z. B. SKID, DIPS) oder Checklisten (z. B. IDCL) verwiesen werden. Anhand dieser Instrumente können die wesentlichen diagnostischen Kategorien entsprechend DSM-IV bzw. ICD-10 diagnostiziert werden. Im Diagnosefall (z. B. komorbide Angststörung oder Depression) sind für die weitere Verhaltensanalyse und Therapieplanung darüber hinaus ergänzende diagnostische Maßnahmen erforderlich. Für detaillierte Hinweise zur Diagnostik solcher komorbiden psychischen Störungen kann auf die entsprechenden Psychotherapiemanuale, etwa aus der Reihe „Fortschritte der Psychotherapie" verwiesen werden.

Komorbiditäts-diagnostik

Vor Beginn und im Verlauf der Entzugsbehandlung wird ergänzend der Einsatz von Fragebogen zur quantitativen Erfassung depressiver Symptome (z. B. Erlanger Depressions-Skala von Lehrl & Gallwitz, 1977 oder Beck-Depressions-Inventar von Beck, dt. Version von Hautzinger, Bailer, Worall & Keller, 1994) und der Ängstlichkeit (z. B. mittels State-Trait-Angstinventar- STAI von Laux, Glanzmann, Schaffner & Spielberger, 1981) empfohlen. Für beide Variablen wurde ein Zusammenhang zum Behandlungserfolg festgestellt, wobei hohe Angst bzw. Depression vor Beginn und im Verlauf des Entzuges den Entzugserfolg verhindern kann. Die fortlaufende diagnostische Erfassung von Angst und Depression ermöglichen es, im Bedarfsfall ergänzende Therapiemaßnahmen einzuleiten und so vielleicht die Wahrscheinlichkeit des Entzugserfolges zu erhöhen.

42

3.3 Medizinische Beurteilung

Zu einer lege artis durchgeführten Diagnostik vor Beginn einer Psychotherapie gehört auch die medizinische Beurteilung des Störungsbildes. In der Regel geht es dabei primär um den Ausschluß organischer Ursachen für die vom Patienten beklagte Symptomatik. Im Hinblick auf die Entzugsbehandlung von medikamentenabhängigen Patienten sind jedoch zusätzliche medizinische Fragen abzuklären. Dazu zählt in erster Linie die Frage nach der Notwendigkeit der Medikation. Im Falle bestimmter Krankheiten, wie etwa der Epilepsie, ist der Entzug von Benzodiazepinen nicht uneingeschränkt indiziert. Benzodiazepine können im Einzelfall die einzig wirksame Behandlungsstrategie zur Reduktion epileptischer Anfälle sein. Ein Entzug der Medikamente verbietet sich dann sicherlich ebenso wie im Fall des Patienten mit Abhängigkeit von opioidhaltigen Analgetika bei schweren, anderweitig nicht kontrollierbaren, Schmerzen.

Die medizinische Untersuchung sollte auch die Frage der „organischen Belastbarkeit" des Patienten klären. Im Verlauf des Entzuges können eine Reihe von Symptomen auftreten, die bei bereits bestehenden Beeinträchtigungen der körperlichen Konstitution mit Verschlechterungen des organischen Beschwerdebildes einhergehen könnten (z. B. kardiovaskuläre Entzugssymptome bei bestehender Herzinsuffizienz).

Mögliche medizinische Komplikationen abklären

Schließlich sollte in Zusammenarbeit mit dem Arzt abgeklärt werden, ob durch die Kombination bestimmter Präparate, die der Patient eingenommen hat bzw. noch immer einnimmt, mit besonderen Komplikationen im Entzugsverlauf zu rechnen ist. Beispielhaft hierfür sei die Kombination von Neuroleptika und Benzodiazepinen angeführt. Ghadrian, Gauthier & Wong (1987) beobachteten nach dem abrupten Entzug von Benzodiazepinen und gleichzeitiger Neuroleptikagabe ein erhöhtes Risiko für epileptische Anfälle. Die Autoren nehmen an, daß die Neuroleptika das Anfallsrisiko weiter erhöhen, wenn die muskelrelaxierenden Effekte der Benzodiazepine entfallen.

Die Überweisung des Patienten zur medizinischen Abklärung bietet darüber hinaus eine gute Möglichkeit, eine Zusammenarbeit mit dem behandelnden bzw. verschreibenden Arzt anzubahnen. Das psychotherapeutisch unterstützte Abstinenzbemühen des Patienten kann, insbesondere im Krisenfall, durch mangelnde Kooperation mit dem verschreibenden Arzt leicht zunichte gemacht werden. Diese Gefahr, etwa in Form erneuter Verschreibung abhängigkeitsinduzierender Substanzen aus mangelndem Wissen um die Entzugsbemühungen, besteht bei einer von Patient, Psychotherapeut und Arzt gemeinsam getragenen Entzugsentscheidung in weitaus geringerem Umfang.

Kooperation mit dem Hausarzt

3.4 Indikationsstellung

Das hier vorgestellte Behandlungsvorgehen ist in erster Linie für Patienten mit primärer Abhängigkeit von Benzodiazepinen infolge der Langzeitverordnung konzipiert und erprobt. Das Ausmaß der Dosissteigerungen im Verlauf der Abhängigkeitskarriere spielt in diesem Falle nur eine untergeordnete Rolle, d. h. das Behandlungsvorgehen hat sich sowohl bei Patienten mit Niedrigdosis-Abhängigkeit als auch Patienten, die im Verlauf ihrer Langzeittherapie zunehmend die Dosis gesteigert haben, bewährt.

Primäre Abhängigkeit als Hauptindikation

Zur Wirksamkeit des Behandlungsvorgehens bei primärer Hochdosisabhängigkeit, die nicht aus dem therapeutischen Kontext heraus entstanden ist, sondern auf der gezielten Suche nach den Rauscheffekten der Präparate, liegen demgegenüber kaum Erfahrungen vor. Die Konzeption der Behandlung basiert auf der Annahme, daß insbesondere die erhöhte Ängstlichkeit während des Entzugs das Absetzen der Medikamente erschwert, wobei die Entzugserscheinungen ihrerseits zur erhöhten Ängstlichkeit beitragen. Die Behandlung der Angstsymptomatik, die häufig auch ursprünglich zur Einnahme der Medikamente führte, steht damit im Vordergrund der Behandlung.

Ergänzende Behandlung bei Polytoxikomanie nötig

Für Patienten, bei deren Medikamentenabhängigkeit die Suchtproblematik im Vordergrund steht, sind jedoch wahrscheinlich neben den Angstzuständen während des Entzugs weitere Aspekte für die Genese bzw. Aufrechterhaltung der Störung bedeutsam. Insofern ist zu erwarten, daß für diese Patienten zumindest ergänzende Behandlungsmaßnahmen eingeführt werden müssen, um einen dauerhaften Behandlungserfolg zu sichern (vgl. Kap. 4.5). Bei Patienten mit sekundärer Abhängigkeit von Medikamenten, d. h. gleichzeitig bestehender Abhängigkeit von anderen psychotropen Substanzklassen (Alkohol, Drogen), kann das beschriebene Behandlungsvorgehen zur Erleichterung des Medikamentenentzuges beitragen, erfordert aber voraussichtlich auch andere Maßnahmen.

Kombination von Benzodiazepinen und Psychotherapie ist ungünstig

Die Indikation für einen psychotherapeutisch unterstützten Medikamentenentzug setzt nicht notwendigerweise die Diagnose eines Abhängigkeitssyndroms voraus. Neben präventiven Überlegungen sprechen auch eine Reihe weiterer Befunde dafür, insbesondere Benzodiazepine bereits vor Beginn bzw. in einer frühen Phase der Psychotherapie abzusetzen, auch wenn bei dem Patienten (noch) keine Hinweise auf eine Abhängigkeitsentwicklung oder ein Entzugssyndrom bestehen. So wurde wiederholt nachgewiesen, daß Patienten unter Benzodiazepin-Einfluß weniger Nutzen aus psychotherapeutischen Maßnahmen zur Behandlung von Angststörungen ziehen (z. B. Sartory, Master & Rachman, 1989; Wilhelm & Roth, 1998; Wardle et al., 1994, siehe Abbildung 6). Benzodiazepine scheinen außerdem zu verhindern, daß eine Streßtoleranz aufgebaut wird, sozusagen ein Abhärtungsprozeß stattfindet („toughening up", Gray, 1987). Nach dem Absetzen der Benzodiazepine folgt daraus eine erhöhte Vulnerabilität gegenüber Streß, wodurch die Wahrscheinlichkeit von Rückfällen erhöht wird. Unter Berücksichtigung des Phänomens des zustandsabhängigen Lernens ist weiterhin zu erwarten, daß eine Generalisierung neu erlernter Bewältigungsstrategien auf die Zeit nach dem Absetzen des Medikamentes erschwert wird. Schließlich besteht unabhängig von der Art des konsumierten Medikamentes die Gefahr von Fehlattributionen der erzielten Behandlungsfortschritte auf Medikationseffekte.

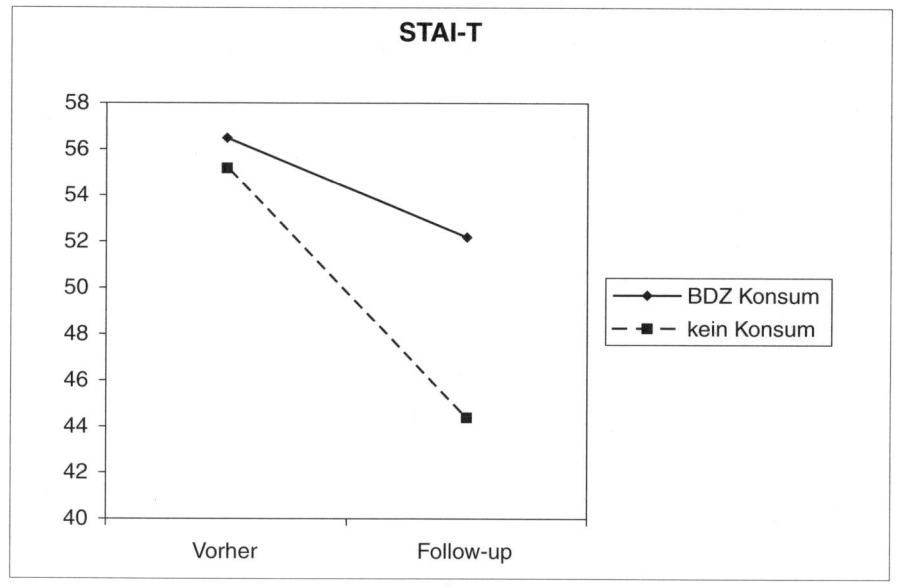

Abbildung 6:
Benzodiazepinkonsum und Behandlungserfolg bei Agoraphobie
(nach Wardle et al., 1994)

Agoraphobiker, die seit durchschnittlich zehn Jahren Benzodiazepine eingenommen haben, und solche ohne Konsum wurden in acht zweistündigen Sitzungen therapeutenbegleitet mit Konfrontationsübungen behandelt. Bei der Nachuntersuchung ein Jahr nach Ende der Behandlung hatten Nicht-Konsumenten deutlich besser auf die Behandlung angesprochen als Benzodiazepin-Konsumenten. Letztere zogen weniger Nutzen aus der verhaltenstherapeutischen Behandlung der Agoraphobie als Patienten, die keine Tranquilizer eingenommen hatten.

Beachte: Die verhaltenstherapeutische Behandlung von Angststörungen und Depression ist wenig erfolgreich, wenn die betreffenden Patienten gleichzeitig Benzodiazepine konsumieren. Aus diesem Grund sollte der Medikamentenentzug vor Beginn der Behandlung dieser Störungen durchgeführt werden.

4 Behandlung

4.1 Darstellung der Therapiemethoden

In der Behandlung von Alkohol- oder Drogenabhängigkeit findet sich häufig eine relativ strenge Trennung der Entzugs- und der Entwöhnungsphase. Der Entzugs- bzw. Entgiftungsphase wird dabei primär unter medizinischen Aspekten Beachtung geschenkt, d. h. im Vordergrund stehen Versuche zur Vermeidung körperlicher Komplikationen des Entzuges. In der Entwöhnungsphase soll der Patient schließlich durch verschiedene psychotherapeutische Maßnahmen zur Aufrechterhaltung der Abstinenz befähigt werden. Im Fall der Medikamentenabhängigkeit sind demgegenüber fließende Übergänge zwischen diesen Behandlungsphasen zu schaffen. Ein Grund hierfür besteht in dem besonders engen und direkten Zusammenhang von Medikamentenabhängigkeit und psychischen bzw. psychosomatischen Problemen. Wie bereits dargestellt, ist die Entwicklung der Medikamentenabhängigkeit bei einem Großteil der Patienten iatrogen: Die Abhängigkeit als „unerwünschte Nebenwirkung" entwickelt sich dabei aus dem Versuch, durch Medikamente Linderung körperlicher und/oder psychischer Beschwerden zu erhalten. Die körperlichen Symptome der Abhängigkeit entsprechen zudem häufig den Symptomen der Ursprungssymptomatik (z. B. Angst, Schlafstörungen oder Schmerzen) und rechtfertigen damit – zumindest aus Patientensicht – die weitere Einnahme der Medikamente. Für den Patienten steht die Behandlung dieser Symptome oftmals viel stärker im Mittelpunkt als die diagnostizierte Medikamentenabhängigkeit. Auch wenn die Medikamente kaum noch wirken, stellen die Substanzen für den Patienten dennoch häufig die einzige Strategie im Umgang mit seinen Beschwerden dar. Ein Unterstützungsangebot bereits während des Entzuges ist damit für den Erfolg der Abstinenzbemühungen des Patienten wichtig.

Entzug und Entwöhnung gehen bei der Medikamentenabhängigkeit stark ineinander über

4.1.1 Psychologische Unterstützung des Benzodiazepin-Entzuges

Das im folgenden vorgestellte Behandlungsvorgehen zur Unterstützung des Entzuges bei Benzodiazepinabhängigkeit basiert auf der Annahme, daß besonders die erhöhte Ängstlichkeit der Patienten das Absetzen der Medikamente erschwert, wobei die auftretenden Entzugssymptome zu dieser Ängstlichkeit beitragen. Außerdem ist davon auszugehen, daß Medikamentenabhängigkeit mit einer erhöhten externalen Kontrollüberzeugung einher

46

geht. Geringes Vertrauen in die eigenen Bewältigungsmöglichkeiten spielt möglicherweise bereits beim ersten Griff zur Tablette eine Rolle. Wiederholte Verordnungen, fehlgeschlagene alternative Bewältigungsversuche oder auch erfolglose Versuche, die Medikamente abzusetzen, verstärken zusätzlich die Überzeugung, nur mit Hilfe von außen psychische und/oder körperliche Probleme bewältigen zu können. Schließlich bestehen Hinweise auf eine erhöhte Vulnerabilität für psychiatrische Störungen nach dem Benzodiazepinentzug, die durch Befunde einer verminderten Streßtoleranz-Entwicklung infolge des langfristigen Benzodiazepinkonsums erklärt werden können (Gray, 1987). Ein erfolgreicher Entzug und insbesondere die dauerhafte Beibehaltung der Abstinenz sind dadurch gefährdet.

Angst und inadäquate Copingstrategien als Ausgangspunkte bei der Behandlungsplanung

> **Wesentliche therapeutische Ansatzpunkte während des Tranquilizer-Entzugs:**
>
> 1. Aufbau von Bewältigungsstrategien im Umgang mit akuten Entzugssymptomen
>
> 2. Aufbau bzw. Wiederbelebung alternativer Bewältigungsstrategien im Umgang mit psychischen Problemen
>
> 3. Stärkung des Vertrauens in die Effizienz eigener Bewältigungsmöglichkeiten im Umgang mit Problem- oder Streßsituationen, d. h. Aufbau internaler Kontrollüberzeugungen bzw. einer Selbstwirksamkeitsüberzeugung

Im Rahmen des Symptommanagement-Trainings zur Unterstützung des Benzodiazepinentzuges werden diese Therapieziele durch die Vermittlung eines Angstbewältigungstrainings und von symptomspezifischen Kontrolltechniken verfolgt.

Die Behandlung ist als ambulante Einzeltherapie mit wöchentlichen Sitzungen konzipiert. Gegen Ende der Behandlung, d. h. nach deutlichem Rückgang der Entzugssymptomatik, kann der Abstand zwischen den Behandlungssitzungen ausgedehnt werden.

Die Behandlungselemente des Symptommanagement-Trainings umfassen Informationsvermittlung (Psychoedukation), graduierte Reduktion des Substanzkonsums, Training der Angstbewältigung und die Vermittlung von Strategien zum Symptommanagement.

Überblick zum Therapieablauf. In Abbildung 7 ist der Ablauf der Therapie schematisch dargestellt, wobei die angegebenen Sitzungstermine als Richtschnur zu verstehen sind. Feste Bestandteile jeder Therapiesitzung sind die Nachbesprechung der Ereignisse der letzten Woche und der Hausaufgaben sowie die Planung neuer Hausaufgaben. Zu Beginn der Therapie steht das Training von Entspannung und Angstbewältigung zunächst im Vordergrund. Sobald der Patient hier ein zumindest minimales Fertigkeitsniveau erreicht hat, wird die Entzugsphase eingeleitet. Dem Patienten werden in dieser Zeit, abhängig von seinen individuellen Entzugsbeschwerden, zusätzlich Symptommanagement-Techniken vermittelt. Nach Erreichen des Abstinenzziels wird der Patient solange begleitet, bis die Entzugssymptomatik deutlich zurückgegangen ist und der Patient in der Lage ist die verbleibende Symptomatik durch entsprechende Symptommanagement-Techniken zu bewältigen. Maßnahmen zur Rückfallprophylaxe bilden in dieser Phase einen weiteren Schwerpunkt der Sitzungen.

1. Sitzung	2. Sitzung	3. Sitzung	4. Sitzung	5.Sitzung und folgende bis Abstinenz	Nach Erreichung der Abstinenz bis Abklingen der Entzugssymptomatik
Informationsvermittlung	Einführung des Tagebuchs	Besprechung der vergangenen Woche und Hausaufgaben	Besprechung der vergangenen Woche und Hausaufgaben	Besprechung der vergangenen Woche und Hausaufgaben	Besprechung der vergangenen Woche und Hausaufgaben
	Atem-/ Entspannungstraining	Atem-/ Entspannungstraining	Atem-/ Entspannungstraining	Atem-/ Entspannungstraining	
		Angstbewältigungstraining	Angstbewältigungstraining	Angstbewältigungstraining	Angstbewältigungstraining
				Symptommanagement-Training	Symptommanagement-Training
			1. Reduktion der Medikamenteneinnahme	weitere Reduktion der Medikamenteneinnahme	
					Rückfallprophylaxe
	Hausaufgabenplanung	Hausaufgabenplanung	Hausaufgabenplanung	Hausaufgabenplanung	Hausaufgabenplanung

Abbildung 7:
Therapieablaufschema

● *Informationsvermittlung (Psychoedukation)*

Zu Beginn der Entzugsbehandlung erhält der Patient ausführliche Informationen über

– Wirkung und Wirkdauer von Benzodiazepinen

– Verlauf des Entzuges

– Konsequenzen der weiteren Einnahme und

– die Behandlungsziele.

Diese Informationen dienen dazu, die Entzugsmotivation des Patienten aufzubauen bzw. zu stärken, ihn auf seine aktive Rolle in der Therapie vorzubereiten (z. B. bei der Bestimmung der Reduktionsschritte, der Bewältigung von Symptomen etc.) und Ängste bezüglich des Medikamentenentzugs abzubauen. Die wesentlichen Inhalte der Informationsvermittlung werden im Folgenden dargestellt.

Psychoedukation dient der Motivierung und Vorbereitung auf den Behandlungsablauf

Wirkung und Wirkdauer von Benzodiazepinen

- Benzodiazepine besitzen keine heilende Wirkung, d. h. sie tragen zur Symptomlinderung, nicht aber zur Störungsbeseitigung bei

- Benzodiazepine verlieren im Laufe der Zeit an Wirksamkeit

- Benzodiazepine führen zu einer Reihe von unerwünschten Nebenwirkungen, darunter ist insbesondere die Abhängigkeit hervorzuheben

- Die Entwicklung einer Abhängigkeit ist mit zunehmender Einnahmedauer immer wahrscheinlicher

Das für diesen Informationsteil notwendige psychopharmakologische Grundwissen wurde zum Teil bereits in den vorangegangenen Kapiteln beschrieben. Ergänzend wird an dieser Stelle noch auf das Wirkspektrum und die Nebenwirkungen der Benzodiazepine eingegangen.

Exkurs: Wirkspektrum und Nebenwirkungen der Benzodiazepine

1. Wirkspektrum der Benzodiazepine

Alle Benzodiazepine verfügen unabhängig von ihrer Halbwertzeit über ein vergleichbares Wirkspektrum, d. h. sie besitzen

– sedierende

– angstlösende

– muskelrelaxierende

– antikonvulsive und

– antiaggressive Effekte.

Die Entwicklung von Toleranz gegenüber den sedierenden, antikonvulsiven, muskelrelaxierenden und anxiolytischen Effekten wurde wiederholt nachgewiesen, wobei sedierende Effekte relativ früh, d. h. bereits nach ca. zweiwöchiger Einnahme nicht mehr nachweisbar sind, während die angstlösende Wirkung erst nach vier bis sechs Wochen nachläßt. Die ursprüngliche Wirkqualität läßt sich dann nur durch Dosissteigerungen wiederherstellen.

2. Nebenwirkungen der Benzodiazepine

Benzodiazepine gelten im Vergleich zu älteren Beruhigungsmitteln, wie z. B. den Barbituraten als relativ sichere Arzneimittel, da sie auch in hohen Dosen kaum zu einem letalen Ausgang führen können. Dennoch können Benzodiazepine auch schon bei kurzfristigem Gebrauch zu einer Reihe unerwünschter Nebenwirkungen führen. Die folgende Liste unterteilt die Nebenwirkungen der Benzodiazepine in Effekte, die bereits nach einmaliger bzw. kurzzeitiger Einnahme auftreten können, Effekte, die erst nach chronischer Substanzzufuhr zu erwarten sind und paradoxe Effekte, die zu jedem Zeitpunkt der Einnahmegeschichte auftreten können.

Akute Dosierung:
- Sedation: Müdigkeit, Benommenheit, Apathie
- muskuläre Schwäche, Verlangsamung motorischer Abläufe, Ataxie (Bewegungsstörungen)
- Schwindelgefühle
- Artikulations- und Akkomodationsstörungen (unscharfes Sehen)
- Kopfschmerz
- Abnahme der Konzentration und Leistungsfähigkeit
- Gedächtnisstörungen

Chronische Dosierung (zusätzlich):
- Verstimmungszustände
- psychomotorische und kognitive Beeinträchtigungen (z.B. Gedächtnis, Aufmerksamkeit, Lernen)
- neurologische Symptome (z.B. Nystagmus, Sprachstörungen, Bewegungsstörungen, Parästhesien, Kopfschmerz)
- Appetitstörungen und Gewichtsveränderungen
- psychische und physische Abhängigkeit

Paradoxe Reaktionen:
- Agitiertheit, Euphorie
- Schlaflosigkeit
- Aggression, Feindseligkeit

Abhängig vom Alter und der körperlichen Verfassung der Patienten, vom Benzodiazepinpräparat und seiner Dosierung können qualitativ und quantitativ unterschiedliche Nebenwirkungen auftreten. Ältere Patienten sind gegenüber den Medikationseffekten sensitiver, so daß diese Patientengruppe auch stärker von den Nebenwirkungen betroffen ist (Closser, 1991). Andere zentralnervös hemmende Substanzen (z.B. Alkohol und andere Sedativa) potenzieren die Effekte der Benzodiazepine und können der Ausbildung von Toleranzeffekten entgegenstehen (Taylor & Tinklenberg, 1987).

Kognitive Beeinträchtigungen äußern sich z.B. in verminderter Aufmerksamkeits- oder Lernleistung und als anterograd amnestische Effekte, so daß Inhalte, die nach der Benzodiazepin-Einnahme aufgenommen werden, in der Folge schlechter erinnert werden (Curran, 1986).

Im Verlauf der Informationsvermittlung ist es hilfreich die Erfahrungen und Beobachtungen des Patienten aufzugreifen und einzubinden. Befragt nach dem Wirkverlauf ihrer Medikation berichten beispielsweise viele Patienten von anfänglich sehr starken symptomreduzierenden Effekten, die jedoch immer schwächer geworden seien. Angaben zu neu aufgetretenen Störungen im Medikationsverlauf können als Beispiele für Nebenwirkungen bzw. mögliche Konsequenzen der weiteren Medikamenteneinnahme herangezogen werden.

Patientenerfah-rungen in die Psychoeduka-tion einbinden

Information über den Verlauf des Entzuges

– Entzugssymptome *können* während des Absetzens der Medikamente auftreten

– Beschreibung potentieller Entzugssymptome

– Der Entzug kann das bestehende Beschwerdebild vorübergehend deutlich verstärken. Entzugssymptome, die der ursprünglich zur Medikation führenden Symptomatik ähneln, lassen aber nicht darauf schließen, daß der Patient seine Medikamente noch braucht

– Die Intensität der Beschwerden ist zunächst eher schwankend, nimmt letztlich jedoch allmählich ab

– Die Intensität des Entzuges kann durch die Reduktionsschritte der Medikation beeinflußt werden, daher wird der Entzug schrittweise durchgeführt und individuell angepaßt. Aber: Extrem langsamer Entzug garantiert keinesfalls das Ausbleiben von Entzugssymptomen

– Entzugssymptome sind nicht gefährlich

Bisherige Entzugserfahrung der Patienten. Einzelne Aspekte zum Thema Verlauf des Entzuges sind auf die Vorerfahrungen des jeweiligen Patienten abzustimmen. Für Patienten ohne frühere Entzugsversuche sind Themen wie Abhängigkeitsentwicklung und die Möglichkeit von Entzugssymptomen von größerer Bedeutung als für den Patienten mit bereits erfolglosen Entzugsversuchen. Die ausführliche Darstellung potentieller Entzugsbeschwerden kann jedoch auch in diesem Fall wesentlich sein, damit die Patienten auftretende Symptome nicht als ein Wiederaufleben bzw. eine Verstärkung ihrer Ursprungssymptomatik oder auch als Hinweis auf eine neue körperliche bzw. psychische Störung fehlinterpretieren, was zu einer Infragestellung ihrer „Entzugseignung" führen könnte („Offenbar brauche ich die Medikamente noch, denn wenn ich sie absetze, treten meine Beschwerden ja wieder auf."). Zur Vermeidung dieser Fehlinterpretationen dient auch die detaillierte Darstellung des Entzugsverlaufs, da die Intensität der Entzugssymptome nicht kontinuierlich abnimmt, sondern oftmals einen fluktuierenden Verlauf aufweist und zudem einzelne Entzugssymptome zu unterschiedlichen Zeitpunkten im Entzugsprozeß maximale Intensität erreichen (vgl. Kap. 1.2.2.2). Der Patient wird durch diese Information auf

Informations-inhalte auf die bisherige Entzugserfah-rung abstimmen

mögliche unangenehme Reaktionen im Entzugsverlauf vorbereitet und so zugleich die Bedrohlichkeit der Situation bzw. Symptome entschärft.

Wie viel Information ist angebracht? Eine Schwierigkeit bei der Informationsvermittlung zum Entzugsverlauf besteht darin, das „richtige Maß" an Information zu finden, um keine übermäßigen Erwartungsängste zu provozieren. Insbesondere bei Patienten ohne frühere Entzugserfahrung ist dieser Aspekt zu beachten. Im Gespräch können Erwartungsängste abgebaut bzw. vermieden werden, indem auf folgende Aspekte besondere Betonung gelegt wird:

Erwartungsängste vermeiden bzw. reduzieren

1. Entzugsprobleme können, müssen aber nicht in jedem Fall auftreten.

2. Die Entzugsprobleme treten nicht notwendigerweise vollzählig auf, sondern die meisten Patienten erleben nur einige der beschriebenen Symptome (häufig werden bereits bestehende Symptome durch den Entzug verstärkt).

3. Die therapeutische Behandlung während des Entzuges unterstützt den Patienten bei der Symptombewältigung.

4. Der Patient bestimmt die Geschwindigkeit des Entzuges mit.

Entzugsverlauf veranschaulichen

Illustration des Entzugsverlaufs. Zur Verdeutlichung des Verlaufs der Entzugssymptomatik und ihre Abhängigkeit von den Reduktionsschritten haben sich die Abbildungen 8 und 9 als hilfreich erwiesen.

Diese Abbildungen zeigen im Vergleich den Verlauf der Symptomatik bei abruptem und bei graduiertem Entzug. Abbildung 8 beschreibt den Verlauf des Entzuges gemessen an der Anzahl der auftretenden Entzugssymptome. Abbildung 9 stellt den Verlauf der Intensität der Entzugsbeschwerden dar.

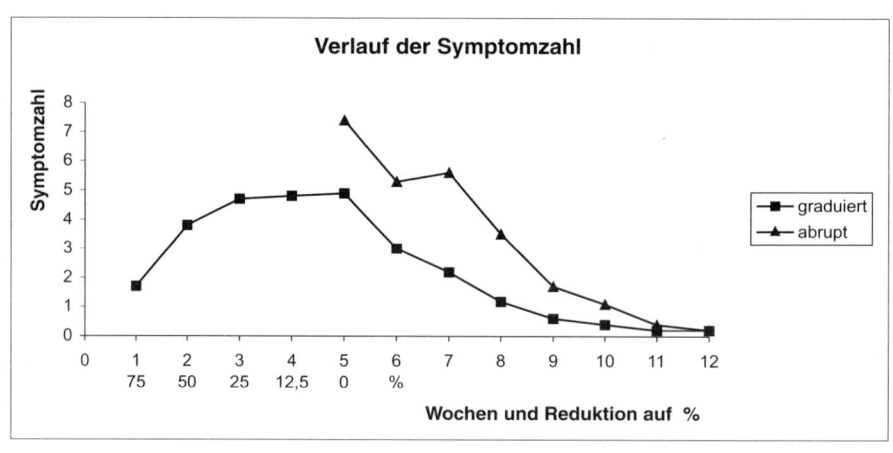

Abbildung 8:
Verlauf der Anzahl der Entzugssymptome bei graduiertem und abruptem
Benzodiazepin-Entzug

52

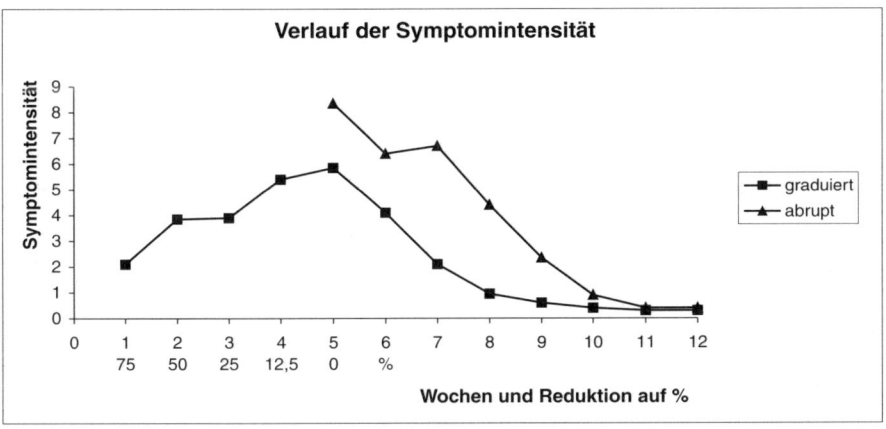

Abbildung 9:
Verlauf der Intensität der Entzugssymptome bei graduiertem und abruptem
Benzodiazepin-Entzug

Dem Patienten kann daran verdeutlicht werden, daß zwar durchaus auch im
Fall des graduierten Entzuges mit Entzugsbeschwerden gerechnet werden
muß, diese jedoch im Vergleich zum abrupten Entzug in deutlich geringerem Umfang und zugleich weniger intensiv zu Tage treten. Im graduierten
Entzug kommt es auch nach dem vollständigen Entzug (5. Woche = 0 %) zu
vergleichsweise schwächer ausgeprägten und weniger Symptomen, die im
weiteren Verlauf relativ rasch abklingen, so daß in der Regel nach rund
sechs Wochen keine nennenswerten Beeinträchtigungen mehr zu registrie-
ren sind. Der insgesamt unproblematischere Symptomverlauf im graduierten Entzug begründet sich aus dem gewählten Entzugsvorgehen und der
Tatsache, daß der Patient in der Therapie Strategien erlernt, um die Symptome zu bewältigen.

Konsequenzen der weiteren Einnahme
– Inkaufnahme der Nebenwirkungen
– Erfolgsaussichten psychotherapeutischer Maßnahmen für diese und andere Störungen sind eingeschränkt (vgl. Kap. 3.4)

Behandlungsziele
– Therapie zielt darauf ab, den Patienten akut bei der Bewältigung des Entzuges zu unterstützen und ihm neue (nicht-medikamentöse) Strategien zur Bewältigung seiner aktuellen bzw. auch zukünftigen Probleme zu vermitteln
– Eine vollständige Vermeidung von Entzugsbeschwerden durch die therapeutischen Maßnahmen ist nicht möglich
– Therapie erfordert aktive Teilnahme des Patienten, d. h. aktive Mitarbeit, aber auch aktive Mitbestimmung

Vermittlung alternativer Strategien betonen. Über die ausführliche Darstellung der Konsequenzen einer weiteren Einnahme der Benzodiazepine (also etwa die Gefahr der Entwicklung neuer Symptome bei zugleich schlechteren Erfolgsaussichten einer psychotherapeutischen Behandlung) und die Beschreibung der grundsätzlichen Ziele der angebotenen Entzugsbehandlung (Medikamente werden nicht nur einfach ersatzlos entzogen, sondern durch alternative, nebenwirkungsfreie Bewältigungstechniken ersetzt) kann die Motivation und Entscheidung des Patienten für den Medikamentenentzug weiter gestärkt werden.

Abschluß des Informationsgesprächs. Nach Abschluß dieser ersten, recht umfassenden Informationssitzung wird der Patient gebeten, noch einmal die wesentlichen Aspekte des Gesprächs zusammenzufassen, so daß mögliche Mißverständnisse oder Verständnisschwierigkeiten aufgedeckt und korrigiert werden können. Bedenken oder Befürchtungen des Patienten bezüglich der beschriebenen Behandlung sollten explizit angesprochen werden. Dazu gehört auch, daß dem Patienten bis zur nächsten Sitzung Bedenkzeit für seine Entscheidung zur Teilnahme an der Entzugsbehandlung gewährt wird. Gegebenenfalls sind in der nächsten Sitzung noch einmal einzelne Aspekte des ersten Informationsgesprächs aufzugreifen bzw. die Bedenken des Patienten zu besprechen.

Merkzettel. Sowohl Ängstlichkeit wie auch die Einnahme von Benzodiazepinen beeinträchtigen die Aufnahme und das Behalten von neuer Information. Patienten haben daher oft Schwierigkeiten, den Ausführungen der Therapeuten zu folgen, bzw. sie im Gedächtnis zu behalten. Aus diesem Grund ist es empfehlenswert, Patienten einen „Merkzettel" mit den wichtigsten Informationspunkten mitzugeben, die sie zu Hause nochmals durchgehen und überdenken können. Als Grundlage können die oben gegebenen Informationen dienen, nachdem sie individuell für die Patienten zusammengestellt wurden.

Informationen im Therapieverlauf wiederholt aufgreifen

Informationsvermittlung ist nicht nur auf die erste Sitzung beschränkt. Im Verlauf der Entzugsbehandlung ist es häufig sinnvoll und nötig, einzelne Themen erneut aufzugreifen. Insbesondere die wiederholte Darstellung des Entzugsverlaufes anhand des Schaubildes oder auch der Tagebuchdaten des Patienten und der Verweis auf den zeitlich begrenzten Charakter der Entzugsbeschwerden hat sich bei der Aufrechterhaltung der Entzugsmotivation in schwierigen Phasen als hilfreich erwiesen.

- *Reduktion der Benzodiazepin-Einnahme*

Graduierter versus abrupter Entzug. Die Frage nach der Art des Entzugsregimes ist eindeutig zugunsten des schrittweisen gegenüber dem abruptem Entzugsregime zu beantworten. Die Frage nach den Reduktionsschritten, also wie schnell oder langsam entzogen werden soll, läßt sich demgegen-

Reduktionsschritte individuell bestimmen

über nicht generell beantworten. Bei der Planung der Reduktionsschritte sind insbesondere die Halbwertzeit (HWZ) der eingenommenen Substanz, die Ausgangsdosis und die Intensität der auftretenden Entzugssymptome zu berücksichtigen.

Ausmaß der Reduktionsschritte. Benzodiazepine mit langer HWZ (zur HWZ einzelner Präparate siehe Liste der Benzodiazepine im Anhang, s. S. 84) führen in der Regel erst nach Reduktionen um 50 % der Ursprungsdosis zu Entzugssymptomen, während bei kürzer wirksamen Präparaten bereits bei Reduktionen um 25 % erste Entzugssymptome beobachtet wurden. Diese Zahlen liefern einen Anhaltspunkt für den ersten Reduktionsschritt. Aus eigener therapeutischer Erfahrung sind folgende Reduktionsschritte als erfolgsversprechend zu beurteilen:

Richtlinien für die Reduktionsschritte

Wöchentliche Reduktionsschritte im Benzodiazepin-Entzug
Benzodiazepine mit kurzer bis mittellanger HWZ (z. B. Tavor®, Noctamid®): Reduktion der Ursprungsdosis auf 75 %, 50 %, 25 %, 12,5 % und schließlich 0 %.
Benzodiazepine mit langer HWZ (z. B. Valium®, Dalmadorm®): Reduktion der Ursprungsdosis auf 50 %, 25 %, 12,5 % und schließlich 0 %.

Durch die erste Reduktion sollte keine sub-therapeutische Dosierung erreicht werden, da hierbei unmittelbar mit intensiven Symptomen zu rechnen ist. Als therapeutischer Dosisbereich gilt beispielsweise für Diazepam (Valium®, Valiquid®) die Einnahme von 5 bis 20 mg pro Tag. Bei Patienten, die durch eine erste Reduktion der Dosis um 50 % bereits weniger als 5 mg Diazepam einnehmen würden, sollte daher der erste Reduktionsschritt kleiner gewählt werden (z. B. um 25 % der Ursprungsdosis). Angaben zum therapeutischen Dosisbereich einzelner Benzodiazepin-Derivate sind der Liste der Benzodiazepine im Anhang zu entnehmen. Zur Bestimmung der Ausgangsdosis werden die Tagebuchdaten des Patienten aus der Woche vor der ersten Reduktion zugrunde gelegt (vgl. Kap. 4.1.1, Unterkapitel: Hausaufgaben). Bei wechselnden Tagesdosen ist zu empfehlen, als Ausgangsdosis den Durchschnittswert der letzten sieben Tage zugrunde zu legen.

Anpassung der Entzugsgeschwindigkeit an den Patienten. Die vorgeschlagenen Reduktionsschritte sind als Richtschnur zu verstehen. Der Abstand zwischen den einzelnen Entzugsschritten und die Reduktionshöhe werden gemeinsam mit dem Patienten in Abhängigkeit von der Intensität bzw. Tolerierbarkeit der auftretenden Entzugssymptome festgelegt. Dabei ist jedoch sowohl zu großer Entzugsmutigkeit („Am liebsten würde ich die Tabletten von heute auf morgen absetzen") als auch extremer Entzugsängstlichkeit (d. h. Patienten, die von Anfang an nur sehr kleine Reduktionsschritte akzeptieren wollen) entgegen zu steuern. Zu rasches Absetzen erhöht die Gefahr intensiver Entzugssymptome, die der Patient nicht bewältigen kann, extrem langsames Absetzen birgt die Gefahr, daß das Entzugsgeschehen selbst zum Fokus der Angst des Patienten wird und damit ebenso wie durch intensive Entzugsbeschwerden das Abstinenzziel verfehlt wird. Die Darstellung des typischen Entzugsverlaufes und die Information, daß sehr langsames Absetzen kein Garant für unproblematischen Entzug sei, sondern möglicherweise nur das Leiden verlängert statt es zu lindern, können zur gemeinsamen Entscheidungsfindung bezüglich der angemessenen Reduktionsschritte beitragen. Die vereinbarten Reduktionsschritte werden schriftlich festgehalten (vgl. Kap. 4.1.1, Unterkapitel: Hausaufgaben).

Angst vor dem letzten Entzugsschritt. Besonders intensive Entzugssymptome in den letzten Phasen des Entzuges sind häufig auch durch die Angst des Patienten, seine alte Bewältigungsstrategie endgültig aufgeben zu müssen, bedingt. Viele Patienten befürchten, nach dem Absetzen unter besonders intensiven Beschwerden leiden zu müssen, denen sie nicht gewachsen sind. Die Patienten erwarten also trotz sub-therapeutischer Dosis noch Medikationseffekte, während den eigenen Bewältigungsmöglichkeiten bis zu diesem Zeitpunkt nur wenig vertraut wird („Ich kann das zwar aushalten/bewältigen, aber nur weil ich noch etwas von den Medikamenten nehme."). Eine Verlängerung des Entzugsprozesses durch die weitere Aufrechterhaltung einer Minimalmedikation ist insbesondere auch im Hinblick auf das Therapieziel, das Vertrauen in die eigenen Bewältigungsfertigkeiten zu fördern, an diesem Punkt kontraindiziert. Die Tagebuchdaten zum bisherigen Symptomverlauf und eine Bestandsaufnahme der bis zu diesem Zeitpunkt erfolgreich erlernten Bewältigungsstrategien können bei der Bearbeitung dieser Ängste unterstützend herangezogen werden. Der Therapeut sollte an dieser Stelle mit Nachdruck den Patient auffordern, den letzten Entzugsschritt zu vollziehen. Tatsächlich erweist sich dieser Schritt für den Patienten dann oft auch viel einfacher als erwartet.

Der letzte Reduktionsschritt erfordert häufig erhöhten Druck vom Therapeuten

● *Atem- und Entspannungstraining*

Unmittelbar zu Beginn der Therapie erhalten die Patienten ein Atem- und Entspannungstraining, welches im weiteren Verlauf der Behandlung sowohl im Rahmen des Angstbewältigungstrainings als auch als eigenständige Strategie im Umgang mit Entzugssymptomen zum Einsatz kommt. Als Entspannungstraining bietet sich die Progressive Muskelrelaxation nach Jacobsen an, da diese Methode rasch erlernbar ist und im Vergleich zu anderen Techniken (z. B. Autogenes Training) vergleichbare Entspannungseffekte erzielt (Fliegel, Groeger, Künzel, Schulte & Sorgatz, 1994).

Progressive Muskelentspannung: rasch erlernt und effektiv

Vorgehen beim Entspannungstraining. Ausgehend von der Annahme, daß Emotionen wie Angst oder Ärger mit einem erhöhten Muskeltonus einher gehen, besteht das Ziel der Progressiven Muskelrelaxation darin, willkürli-

56

che Kontrolle über die Spannung und Entspannung einzelner Muskelgruppen zu vermitteln. Dazu wird der Patient zunächst in der Wahrnehmung unterschiedlicher Spannungszustände seiner Muskulatur geschult. Das Training besteht entsprechend aus dem sukzessiven Anspannen und nachfolgendem Entspannen einzelner Muskelbereiche, wobei der Patient sich zugleich auf die dabei erlebten unterschiedlichen Empfindungen konzentrieren soll. Im Verlauf des weiteren Trainings werden verschiedene Körperpartien sukzessive in das Training mit einbezogen (Unter- und Oberarme, Nacken- und Schulterpartie, Gesicht, Bauch und Beine). Mit zunehmender Entspannungsfertigkeit werden die einzelnen Muskelbereiche schließlich wieder zunehmend zusammengefaßt, um dem Patienten zu ermöglichen, die Entspannung später rasch – etwa durch das Anspannen nur einer Muskelpartie – einzuleiten. Eine ausführliche Darstellung der Progressiven Muskelrelaxation mit Instruktionsbeispielen bieten z. B. Fliegel et al. (1994).

Der Patient lernt den Spannungszustand seiner Muskulatur zu kontrollieren

Atemtraining. Während des Atemtrainings soll der Patient eine ruhige und gleichmäßige Bauchatmung erlernen. Über diese Form der Atmung kann zur schnellen und tiefen Entspannung wesentlich beigetragen werden. Das Atemtraining umfaßt drei Phasen:

Das Atemtraining unterstützt schnelle und tiefe Entspannung

1. Beobachtung der Atemzyklen ohne Versuche der Beeinflussung.
2. Training der Bauchatmung, wodurch eine möglichst ruhige und gleichmäßige Atmung erzielt werden soll.
3. Verlangsamung der Atmung durch kurze Pausen zwischen jeder Atemphase, d. h. nach dem Ein- und dem Ausatmen.

Instruktionen für das Atemtraining

„Versuchen Sie zunächst, Ihre Atmung einfach nur zu beobachten … Achten Sie darauf, wie schnell oder langsam Sie atmen, … ob Ihre Atmung gleichmäßig fließt oder kurze und lange Atemzüge unregelmäßig wechseln … Legen Sie dabei eine Hand flach auf Ihren Brustkorb und die andere Hand auf Ihren Bauch. Beobachten Sie, ob sich während des Ein- und Ausatmens eher Ihre Hand auf dem Brustkorb oder die auf dem Bauch bewegt."

Über etwa 6 bis 10 Atemzyklen beobachtet der Patient seine Atmung.

„Versuchen Sie nun im nächsten Schritt möglichst ruhig und gleichmäßig zu atmen. Versuchen Sie dazu in den Bauch zu atmen … Stellen Sie sich vor, Ihr Bauch sei ein Luftballon, der sich mit jedem Einatmen rund nach außen wölbt und mit dem Ausatmen wieder flach wird und zusammenfällt … Wenn Ihre Atmung ruhig und gleichmäßig fließt, sollte sich nur noch Ihre Hand auf dem Bauch bewegen, während der Brustkorb und die daraufliegende Hand ganz ruhig bleiben und sich nicht bewegen. Beim Einatmen wird Ihre Hand auf dem Bauch angehoben, beim Ausatmen senkt sie sich wieder ab … Ihr Atem fließt ruhig und gleichmäßig ein und wieder aus."

57

Sobald dem Patienten die ruhige Bauchatmung gelingt (beobachtbar über die Bauchwölbung), kann der Therapeut mit der abschließenden Instruktion fortfahren.

„Versuchen Sie nun Ihre Atmung noch weiter zu beruhigen, indem Sie zwischen jeder Atemphase eine kurze Pause einlegen. Halten Sie also nach jedem Einatmen kurz inne und ebenso nach dem Ausatmen … Atmen Sie zunächst einmal aus, lassen Sie alle Luft aus Ihrem Körper strömen, machen Sie dann eine kurze Pause und atmen Sie dann wieder gleichmäßig und ruhig in den Bauch ein. Machen Sie eine kurze Pause und atmen Sie erst dann wieder aus usw. usw. … Die Pausen sollten immer nur so lange sein, daß Sie nicht das Gefühl haben, nach Luft schnappen oder alle Luft ganz schnell auspressen zu müssen. Es reicht, wenn die Pause nur ein oder zwei Sekunden dauert. Passen Sie die Pausen Ihrem eigenen Atemrhythmus an … Atmen Sie also ruhig ein … machen Sie eine kurze Pause (Therapeut kann langsam die Zahl 21 als Pausenmarker aussprechen) … und atmen Sie wieder aus … machen Sie eine Pause …einundzwanzig ... und atmen Sie wieder ein … einundzwanzig … atmen Sie wieder aus … usw., usw."

Modellernen. Alle Übungen werden vom Therapeuten modellhaft demonstriert und vom Patienten dabei unmittelbar oder nach einer ersten Demonstration mitgemacht. Direkte Ratschläge zur korrekten Durchführung und Rückmeldungen helfen die Techniken rascher zu erlernen. Die einzelnen Übungen werden über etwa drei Sitzungen hinweg schrittweise eingeführt, wobei als erste Übung das Atemtraining vorgestellt wird. Zur Unterstützung der häuslichen Entspannungsübungen hat sich eine Kassette mit entsprechenden Übungsinstruktionen bewährt. Die Patienten sollten das Entspannungstraining täglich zweimal über mindestens 10 Minuten hinweg üben. Insbesondere zu Beginn des Trainings ist es besonders wichtig, mögliche Schwierigkeiten der Patienten mit dem Entspannungstraining zu besprechen und gegebenenfalls den Übungsablauf zu korrigieren bzw. die Übungen erneut zu demonstrieren.

Die Durchführung des Entspannungstrainings in der Sitzung ist zur Korrektur von Übungsfehlern wesentlich

● *Angstbewältigungstraining*

Aufbau einer generell einsetzbaren Copingstrategie

In der Entzugsbehandlung ist der Aufbau alternativer Bewältigungsstrategien wichtig. Das Angstbewältigungstraining vermittelt dem Patienten Fertigkeiten zur Bewältigung von Angst bzw. zur Kontrolle von Erregung und bietet sich damit als generell anwendbare Strategie im Umgang mit Belastungssituationen besonders an.

Behandlungselemente. Das Prinzip des Angstbewältigungstrainings besteht darin, daß der Patient lernt, aufkommende Angst oder Unruhe aktiv durch Entspannung zu kontrollieren und zu reduzieren. Praktisch erfordert dies, daß der Patient in seiner Wahrnehmung für aufkommende Unruhe oder Er-

58

regung sensibilisiert und zur aktiven Gegensteuerung durch Entspannung angeleitet wird. Beide Aspekte werden in der Regel zunächst im Rahmen von in-sensu Übungen trainiert, bevor der Patient die erlernten Techniken schließlich auch in alltäglichen Belastungssituationen anwenden soll.

In-sensu-Übungen bieten guten Übungseinstieg

Das Training der aktiven Bewältigung von Erregung setzt voraus, daß zunächst Erregung induziert wird. Dazu bieten sich verschiedene Techniken an, etwa die Darbietung oder Ankündigung aversiver Stimuli, das Aufsuchen belastender Situationen oder die Vorstellung belastender Situationen. Letzteres bietet den Vorteil, daß der Patient anhand einer für ihn relevanten Belastungssituation die Technik erproben und Bewältigungserfolge erfahren kann. Bei Imaginationsübungen ist das Ausmaß der induzierten Erregung zudem besser steuerbar, was für den Erfolg der Übungen wesentlich ist, da eine optimale Erregungskontrolle eher bei geringer bis mittlerer Erregung gelingt.

Wesentliche Inhalte des Angstbewältigungstrainings
– Psychoedukation
– In-sensu-Übungen: Wahrnehmungssensibilisierung und Training des Einsatzes von Entspannung bei aufkommender Erregung
– Transfer der erlernten Technik auf den Alltag

Psychoedukation. Ein integraler Bestandteil der Verhaltenstherapie als einer Methode zur Vermittlung von Selbstkontrolltechniken ist die Aufklärung des Patienten über das Behandlungsvorgehen und Ziele der Methode. Das Angstbewältigungstraining wird dem Patienten als eine Methode zur aktiven Kontrolle von Angst, Erregung oder Unruhe vorgestellt, die einzelnen Trainingsschritte besprochen und die Entspannung als wirksames Mittel zur Erregungskontrolle hervorgehoben.

Instruktion zum Angstbewältigungstraining
„Im Verlauf der weiteren Therapiesitzungen werde ich Sie mit einem Verfahren vertraut machen, durch das Sie lernen, aufkommender Angst, Erregung oder Unruhe aktiv entgegenzusteuern. Dabei spielt die Entspannungstechnik, die Sie zur Zeit trainieren eine wichtige Rolle, da durch die Entspannung aufkommende Erregung kontrolliert wird. Im Verlauf des Trainings werden Sie zunächst lernen erste körperliche Zeichen der Unruhe/Angst oder Erregung zu erkennen, um dann mit Entspannung der aufkommenden Erregung entgegenzutreten. Es geht nun also darum, Entspannung nicht nur in ruhigen, eventuell sowieso schon entspannten Situationen einzusetzen, sondern Sie lernen, Entspannung als eine wirksame Methode zur Reduktion von Angst und Streß zu nutzen.
Dazu werden wir zunächst gemeinsam analysieren, durch welche körperlichen Anzeichen sich bei Ihnen Aufregung oder Angst bemerkbar macht

und wie Sie Ihr inneres Auge schulen können, diese Zeichen möglichst früh wahrzunehmen. In den Therapiesitzungen trainieren wir außerdem dann anhand von für Sie typischen Belastungssituationen, die Entspannung aktiv als Mittel zur Erregungskontrolle einzusetzen. Schließlich werden wir diese Übungen während der Sitzungen auch durch Übungen in Ihrem Alltag ergänzen, bis Sie sich in der Anwendung Ihrer neuen Bewältigungsstrategie ganz sicher fühlen."

Wahrnehmungssensibilisierung für aufkommende Erregung. Der Patient soll lernen, erste körperliche Anzeichen von Unruhe oder Angst zu erkennen und als Hinweis auf die Notwendigkeit von Gegenmaßnahmen zu verstehen. Dazu dienen Informationen über den allmählichen Aufbau von Unruhe und Erregung in Belastungssituationen, die Steuerung der Aufmerksamkeit des Patienten während der in-sensu-Übungen auf seine körperlichen Reaktionen und das Training von Entspannung mittels Progressiver Muskelrelaxation, da sich der Patient hier bereits gezielt auf unterschiedliche körperliche Empfindungen bei An- und Entspannung konzentrieren muß.

Wahrnehmungssensibilisierung

„Angst oder Streß bauen sich in der Regel allmählich auf. Obwohl wir zwar häufig das Gefühl haben, daß uns die Angst oder Unruhe ganz plötzlich überfällt, lassen sich bei genauer Betrachtung fast immer erste körperliche Anzeichen finden, die auf eine beginnende Belastung hindeuten. Diese Zeichen können individuell sehr unterschiedlich sein. Bei manchen Menschen tritt zunächst ein flaues Gefühl im Magen auf oder ihre Hände werden feucht. Für Andere ist Herzklopfen, ein Kloßgefühl im Hals oder zittrige Knie untrügliches Zeichen für aufkommende Erregung. Kennen Sie auch solche ersten Anzeichen bei sich selbst?"

„Versuchen Sie sich an etwas zu erinnern, was Sie in letzter Zeit aufgeregt hat. Versetzen Sie sich noch einmal so genau wie möglich in diese Situation und beobachten Sie zugleich Ihren Körper. Wo spüren Sie als erstes etwas, das möglicherweise ein Zeichen für beginnende Anspannung/Erregung ist? Gehen Sie mit Ihrem inneren Auge durch Ihren ganzen Körper: Spüren Sie, ob Ihre Stirn, Ihre Hände oder andere Muskelpartien sich bei der Vorstellung der Situation allmählich verkrampfen, ob Ihr Herz beginnt schneller zu schlagen, Ihnen warm wird, sie zu Schwitzen beginnen, …?"

In-sensu Übungen. Hierzu kann eine belastende Situation des Patienten aus der letzten Woche herangezogen werden. Zur Vorbereitung empfiehlt es sich, ein Drehbuch („Skript") des Situationsablaufes zu erstellen, in welchem insbesondere auch körperliche Reaktionen des Patienten angesprochen werden. Mit Hilfe dieses Drehbuches unterstützt der Therapeut den Patienten während der Imaginationsübung beim Aufbau der Vorstellung.

Imagination durch Skript unterstützen

Der Patient wird instruiert, sich in die vom Therapeuten anhand des Skripts beschriebene Situation hineinzuversetzen und auf erste körperliche Zeichen von Unruhe, wie z. B. ein zittriges Gefühl, Herzklopfen, feuchte Hände, unruhige Atmung etc. zu achten. Sobald der Klient solche Zeichen wahrnimmt, gibt er dem Therapeuten ein vorher vereinbartes Zeichen (z. B. Heben der rechten Hand). Der Patient wird nun instruiert, sich die Situation weiter vorzustellen, zugleich jedoch mittels Entspannung und ruhiger Atmung den körperlichen Anzeichen der Erregung entgegen zu steuern. Sobald dies dem Patienten gelungen ist (der Patient gibt dem Therapeuten auch hier ein vorher vereinbartes Zeichen, z. B. Heben der linken Hand), wird die Vorstellung der belastenden Situation fortgesetzt und erneute körperliche Erregung wiederum mit Entspannung kontrolliert.

Übung des Angstbewältigungstrainings erfordert klare Absprachen zwischen Patient und Therapeut

Transfer der erlernten Technik auf den Alltag. Sobald dem Patienten die Erregungskontrolle durch Entspannung in der Sitzung zuverlässig gelingt, wird er aufgefordert, diese neu erlernte Technik auch im Alltag einzusetzen. Mit dem Patienten sollte in der Sitzung besprochen werden, welche belastenden Situationen im Verlauf der kommenden Woche voraussichtlich auftreten werden und wie in diesen Situationen das Angstbewältigungstraining eingesetzt werden kann.

Insbesondere vor den ersten Übungen im Alltag sollte geklärt werden:

„Was sind im Alltag die ersten Anzeichen dafür, daß Sie unter Spannung stehen/Angst in Ihnen aufsteigt?, Wie könnten Sie in diesem Moment ohne Aufsehen zu erregen mit Entspannung gegensteuern? Was könnte Sie daran hindern, rechtzeitig gegenzusteuern?, Können Sie solche Hindernisse umgehen/aus dem Weg räumen?"

Für die Übungen im Alltag sollten dabei zunächst nur wenig belastende Situationen ausgewählt werden. Berichtet der Patient über die erfolgreiche Bewältigung dieser leichten Streßsituationen im Alltag, kann der Schwierigkeitsgrad zunehmend erhöht werden, so daß die neue Bewältigungstechnik schließlich in allen Angst- und Erregungssituationen erfolgreich eingesetzt werden kann.

Probleme während der Imaginationsübungen

Im Verlauf der ersten Übungen melden die Patienten dem Therapeuten gelegentlich nicht rechtzeitig aufkommende Erregung zurück. Der Therapeut sollte den Patienten während der Imagination daher sorgfältig beobachten und im Falle äußerlich sichtbarer Erregungsanzeichen (z. B. Patient beginnt schneller zu atmen, verkrampft Hände oder Beine, verzerrt sein Gesicht etc.) die Entspannungsinstruktion unabhängig von der Patientenrückmeldung vorgeben. In der Nachbesprechung der Übung sollte der Therapeut sein Vorgehen erläutern und den Patienten noch einmal ermutigen, schon sehr geringe Anzeichen von Unruhe oder Erregung

wahr- bzw. ernstzunehmen und als Hinweis auf notwendige Gegensteuerung durch Entspannung zu verstehen.

Ist der Patient nicht in der Lage, sich in die beschriebene Situation hineinzuversetzen, kann dies durch eine zu schnelle oder auch zu wortreiche
Darstellung durch den Therapeuten bedingt sein. Einige Patienten bevor-
zugen wenige Stichworte, andere versetzen sich lieber ohne jegliche
Skriptunterstützung in die Situation. Die Vorstellung von Belastungssituationen wird durch vorgeschaltete Entspannungsphasen (Entspannung
unterstützt die Lebhaftigkeit von Vorstellungen) und eine Beschreibung
der Situation in der Gegenwartsform erleichtert.

● *Training von entzugsspezifischen Symptommanagement-Techniken*

Durch das Symptommanagement-Training sollen dem Patienten Techniken
vermittelt werden, die eine Bewältigung der individuell auftretenden Entzugssymptome erlauben und die zu einer möglichst raschen Symptomlinderung führen. Tabelle 7 listet häufig im Benzodiazepinentzug beobachtete
Entzugssymptome und assoziierte Kontrolltechniken auf. Die Auswahl der
Techniken orientierte sich primär an der Praktikabilität und der Geschwindigkeit, mit der sich der Erfolg einstellte. Zum Teil handelt es sich um Strategien, die bereits in der Behandlung von Symptomen anderer psychischer
Störungen erfolgreich eingesetzt werden (z. B. Aktivitätspläne bei depres-
siven Symptomen; Atemübungen bei Atemnot), während andere Techniken
auf der Basis eigener klinischer Erfahrung und/oder der Plausibilität des
Effektes (z. B. Bonbon lutschen bei metallischem Geschmack im Mund)
ausgewählt wurden.

Übung der Techniken in der Sitzung. In der Therapiesitzung werden jeweils
einzelne für den Patienten relevante Techniken erprobt bzw. trainiert. Die

**Training
individuell
zuschneiden**

Auswahl orientiert sich dabei an den Tagebuchdaten der Patienten, wobei
für die intensivsten Symptome Kontrolltechniken herangezogen werden.
Der Übungsaufwand für die einzelnen Techniken ist recht variabel und reicht
vom Angebot der Technik mit Besprechung konkreter Möglichkeiten der
Durchführung bzw. Anwendung über die exemplarische Erprobung bis zum
wiederholten Training innerhalb der Sitzung. Unabhängig vom Übungsaufwand sollte in der Sitzung mit dem Patienten immer genau besprochen
werden, wann und wie die Techniken umzusetzen bzw. zu Hause weiter zu
trainieren sind. Optimaler Erfolg ist zu erwarten, wenn der Patient die Strategien bereits dann einsetzt, wenn sich Symptome ankündigen, und nicht
erst bei maximaler Symptomintensität.

Im Falle von Appetitverlust oder schmerzenden, tränenden Augen, beschränkt sich das Symptommanagement-Training auf das Angebot der Technik und die Besprechung konkreter Möglichkeiten der Realisierung. Einige
andere Strategien erfordern ebenfalls keinen direkten Übungsaufwand, kön-

Tabelle 7:

Kontrolltechniken im Rahmen des Symptommanagement-Trainings

Entzugssymptome	Kontrolltechniken
Angst/Spannung	Entspannung, ABT
Ruhelosigkeit	Ablenkung, insbes. Bewegung
Gedächtnis-/Konzentrationsprobleme	Notizen und Pläne machen
depressive Stimmung	Aktivitätsplanung
Depersonalisation (z. B. veränderte Körperwahrnehmung)	Realitätstestung: z. B. auf den Boden stampfen, fester Griff
Schlafstörungen/Müdigkeit	Entspannung
Appetitverlust	geregeltes Essen, Leckereien
Kopfschmerz	Entspannung, Massage
Muskelschmerz	warmes Bad
Übelkeit	frische Luft, Riechsubstanzen
Tremor/Zittern	Entspannung
Schwitzen	Puls kühlen
Herzrasen	Vagale Innervation, Valsalva-Training
Atemnot	Atemübungen
Engegefühl in Brust und Hals	Atemübungen, Entspannung, Valsalva-Training
Hitzewellen, Kälteschauer	variable Kleidung
verlangsamte Sprache	Aufmerksamkeit auf einzelne Aspekte wie z. B. Korrektheit richten
Metallischer Geschmack im Mund	Bonbon lutschen
Kribbeln unter der Haut	Bewegung, Schütteln, Massage
schmerzende, tränende Augen	Augenbäder (Kamille, Borwasser)
Koordinationsstörungen	Geschwindigkeit der Abläufe reduzieren, durch Selbstverbalisationen unterstützen
Schwindel	Bewegung mit Stütze (Wand, Möbel)
visuelle Halluzinationen	Realitätstestung: verschiedene Objekte in unterschiedlichem Abstand anvisieren
Gleichgewichtsstörungen	Bewegung mit Stütze, stärkere Orientierung auf akustische und visuelle Wahrnehmung
verschwommene Wahrnehmung	Fokussieren von Objekten in unterschiedlichen Abständen
Brennen auf der Haut	angenehme Kleidung, Kühlung
Akustische Überempfindlichkeit	Sozialpartner informieren

nen jedoch unmittelbar in der Sitzung erprobt werden, z. B. indem der Therapeut auf die akustische Überempfindlichkeit des Patienten mit gedämpf-
ter Stimme reagiert. Zu den Kontrolltechniken, die ein intensiveres Training innerhalb der Sitzung erfordern, zählen insbesondere das Valsalva-
Training, Atem- und Entspannungsübungen, das Angstbewältigungstraining
und Realitätstestungen. Der Ablauf des Atem- und Entspannungstrainings
sowie des Angstbewältigungstrainings wurden bereits eingehend dargestellt.
Zum Zeitpunkt der ersten Medikationsreduktion sollte der Patient bereits
über erste positive Erfahrungen mit diesen Techniken verfügen.

Vagale Innervationstechniken. Unter dem Begriff vagale Innervationstechniken werden Techniken zusammengefaßt, die auf eine Stimulation des Nervus vagus, also des parasympathischen Teils des autonomen Nervensystems abzielen und so zu einer raschen und deutlichen Reduktion der Herzrate (bis zu 20 Schläge/Minute) führen.

Diese Stimulation des Vagus kann auf verschiedene Arten erfolgen

- Massage der Karotis (zum Kopf führende Halsarterie)
- Druck auf das Auge während des Ausatmens
- Valsalva, eine pressende Atemtechnik
- Kohlensäurehaltige Getränke

Mechanismus der vagalen Stimulation. Die ersten drei Techniken aktivieren Barorezeptoren (Druckrezeptoren in den Gefässen), deren Funktion in der Rückmeldung von Blutdruckänderungen bestehen. Der auf sie ausgeübte Druck meldet einen hohen Blutdruck an des Regulationszentrum im Gehirn zurück, worauf das vagale (parasympathische) Nervensystem aktiviert wird, welches eine Senkung der Herzrate bewirkt.

Techniken der Vagus-Stimulation. Karotismassage und Valsalva scheinen gleichermaßen praktikabel, während wiederholter Druck auf den Augapfel von vielen Menschen als eher unangenehm empfunden wird. Bei der Karotismassage streicht der Patient mit leichtem Druck über die an der Halsseite verlaufende Halsschlagader. Eine Stimulation des Vagus durch die Valsalva-Methode wird erreicht, indem die eingeatmete Luft kurz angehalten und in den Bauch gepreßt wird (äußerlich erkennbar über eine Wölbung des Bauches). Das Erlernen der Technik kann eine Anzahl von Durchgängen und bis zu zwei Sitzungen erforderlich machen. Um die korrekte Durchführung der Techniken zu überprüfen und den Trainingserfolg unmittelbar rückmelden zu können, sollte diese Übung mittels eines Pulsratenmonitors unterstützt werden. Die erfolgreiche Demonstration durch den Therapeuten trägt zum Erfolg der Maßnahme bei.

Vergleich der verschiedenen Techniken der Vagus-Stimulation. Zwar führen auch andere Atem- und Entspannungstechniken zu einer Reduktion der Herzrate, das Valsalva-Training zeichnet sich jedoch durch den unmittelbar beobachtbaren und deutlichen Effekt aus. Eine kontingente Rückmeldung über den Effekt einer Bewältigungsstrategie scheint wiederum bedeutsam für das Ausmaß wahrgenommener Kontrolle über ein aversives Ereignis und die damit verbundene Reduktion der Angst (Weiss, 1971; vgl. auch Kap. 4.2). Mögliche Bedenken des Patienten, daß die Herzrate mittels dieser Technik über das gewünschte Maß hinaus reduziert wird, können über die Darstellung der natürlichen kompensatorischen Mechanismen des Körpers (Gegenspiel von Sympathikus und Parasympathikus) sowie den Hinweis auf die nur relativ kurze Effektdauer dieser Übung zerstreut werden.

Behandlung von Depersonalisation. Symptome wie das Gefühl der Depersonalisation oder visuelle Halluzinationen werden häufig von intensiven Angstgefühlen, genährt durch den Gedanken verrückt zu werden, begleitet. Techniken, die zumindest kurzfristig solche Symptome unterbrechen, bilden die Basis für eine Neubewertung dieser Symptome und führen darüber letztlich zur Angstreduktion. In Anlehnung an das Verfahren der Verhaltensexperimente bei der Behandlung von Panikstörungen (vgl. Schneider & Margraf, 1998) werden mit dem Patienten hierzu sogenannte Realitätstestungen durchgeführt und die dabei erlebten Effekte anschließend zur Korrektur der Symptominterpretation herangezogen.

Aktivitätsplanung zur Behandlung von Depression. Bei der Aktivitätsplanung werden entsprechend dem Vorgehen in der Therapie der Depression (vgl. z. B. Hautzinger, Stark & Treiber, 1988) mit dem Patienten gemeinsam in der Sitzung potentiell angenehme Aktivitäten (z. B. anhand von Aktivitätslisten) exploriert und anhand dieser Listen ein Aktivitätsplan für die folgende Woche erstellt. Tagebucheintragungen zum Effekt dieser Aktivitäten auf die eigene Stimmung und zur Frage nach dem Gelingen der Aktivität (z. B. lustlos vs. mit Vergnügen durchgeführt) können dem Patienten den Zusammenhang zwischen Aktivität und Stimmung verdeutlichen und zum weiteren Aktivitätsaufbau motivieren.

Zusätzliche Techniken. Die Liste möglicher Symptommanagement-Techniken ist nicht als erschöpfend zu verstehen, d. h. der Einsatz anderer Kontrolltechniken ist durchaus denkbar, wobei die Auswahl bestimmter Strategien durch die erwartete Effektkontingenz und Praktikabilität geleitet werden sollte. Besonders geeignet sind Strategien, die der Patient bereits früher erfolgreich im Umgang mit bestimmten Symptomen eingesetzt hat, da hiermit zugleich das Vertrauen in die eigene Bewältigungskompetenz direkt angesprochen und gestärkt wird.

Techniken der kognitiven Umstrukturierung

Probleme beim Symptommanagement-Training

Lassen sich die Entzugssymptome anhand der vermittelten Techniken nicht hinreichend unter Kontrolle bringen, kommen dafür verschiedene Erklärungen in Frage:

---

1. Übertriebene Patientenerwartungen bezüglich der Behandlungseffekte

---

Trotz intensiver Aufklärung und Information besteht häufig der Anspruch, daß die Entzugssymptome durch die Anwendung der Kontrolltechniken nicht mehr in Erscheinung treten oder in ihrer Intensität anhaltend reduziert werden. Übertriebene Erwartungen führen zu Enttäuschung über die Behandlung oder zu einem Verlust des Vertrauens in die eigenen Bewältigungsmöglichkeiten. Sie bergen damit das Risiko, daß der Patient erneut auf seine alten, d. h. chemischen Bewältigungsstrategien zurückgreift. Die regelmäßige Analyse und gegebenenfalls die Korrektur der Erwartungen hinsichtlich der Behandlungseffekte sind demnach wichtige Elemente in der psychologischen Entzugsunterstützung. Dem Patienten ist zu verdeutlichen, daß die Therapie zwar durchaus auf eine dauerhafte Reduktion der Entzugssymptome abzielt, die Einflußmöglichkeiten letztlich aber auch durch physiologische Prozesse im Entzugsverlauf begrenzt werden.

2. Zu große Reduktionsschritte

Zu große Reduktionsschritte und in der Folge hochintensive, nicht mehr zu bewältigende Entzugssymptome sind eine zweite mögliche Erklärung für Fehlschläge. In diesem Fall ist ein langsameres Ausschleichen indiziert, wobei die Dosis jedoch nicht vorübergehend wieder erhöht werden sollte, sondern empfohlen wird, die aktuelle Dosisreduktion über einen längeren Zeitraum beizubehalten, bevor der nächste Reduktionsschritt geplant wird. Die Aussetzung weiterer Reduktionen über etwa eine Woche führt in der Regel zu einem Rückgang der Beschwerdenstärke (vgl. Abbildung 8 und 9 zum Entzugsverlauf, S. 52, 53). Eine Rücknahme bereits vereinbarter Reduktionsschritte fördert demgegenüber implizit die Annahme, daß die Symptome (gesundheits-)bedrohlich sind.

3. Hoher Begleitkonsum von Alkohol oder Koffein

Eine Potenzierung der Symptomintensität wurde auch im Zusammenhang mit hohem Koffein- und Alkoholkonsum beobachtet. Während bei Koffeinkonsum die Aufklärung über den Wirkzusammenhang und eine Aufforderung bzw. Anleitung zur Konsumbegrenzung in der Regel ausreichen, sollte hohem Alkoholkonsum bzw. einer Steigerung des Alkoholkonsums im Verlauf des Entzuges besondere therapeutische Aufmerksamkeit geschenkt werden. Alkohol bietet sich im Entzug aufgrund der beschriebenen Kreuztoleranz besonders gut als Ersatzdroge an. Entzugssymptome werden gemildert bzw. bleiben aus, und die Patienten laufen in der Folge Gefahr, von Alkohol abhängig zu werden.

● *Hausaufgaben*

Hausaufgaben sind zentrales Therapieelement

Hausaufgaben bzw. häusliche Übungen sind von der ersten Sitzung an wesentlicher Bestandteil des Behandlungsvorgehens und erfüllen im Verlauf des therapeutischen Prozesses z.T. unterschiedliche Funktionen. Sie dienen etwa der Erfassung der Ausgangsrate von Symptomhäufigkeit und -intensität, der Verlaufs- und Erfolgskontrolle, der Analyse spezifischer Schwierigkeiten im Therapieprozeß, der Motivationsarbeit und der Förderung der Selbstverantwortlichkeit des Patienten. Zu den Standard-Hausaufgaben im psychotherapeutisch unterstützten Medikamentenentzug gehören die Tagebuchführung und das Training der erlernten Bewältigungsstrategien.

66

Tagebuch. Zur Unterstützung der Tagebuchführung ist der Einsatz standar-disierter Tagebuchblätter besonders hilfreich. Auf den Protokollbogen soll-te vermerkt sein, über welche Verhaltensweisen/Symptome Tagebuch zu führen ist und auf welche Weise dies geschehen soll. Im Anhang auf Seite 85 ist das von uns eingesetzte Protokollblatt für Patienten im Medikamen-tenentzug abgebildet. Von der ersten Sitzung an protokollieren die Patien-ten Art, Menge und Zeitpunkt bzw. Anlaß des Konsums aller eingenomme-nen Medikamente. Reicht der vorgesehene Platz nicht aus, wird der Patient gebeten, weitere Angaben auf der Rückseite des Tagebuches zu machen. In den ersten zwei bis drei Wochen der Therapie dienen diese Daten der Base-line-Erhebung des Medikamentenkonsums und damit als Grundlage für die im weiteren Therapieverlauf zu bestimmenden Reduktionsschritte. Daher soll der Patient ausdrücklich darauf hingewiesen werden, den Konsum zu-nächst nicht zu reduzieren, sondern die Medikamente in den für ihn übli-chen Mengen und zu den gewohnten Zeiten einzunehmen. Eigenmächtige Reduktionen zu diesem Zeitpunkt gefährden den Therapieerfolg, da Ent-zugssymptome auftreten können, auf die der Patient noch nicht hinreichend vorbereitet ist und die später vereinbarten Reduktionsschritte auf dieser Basis dann wahrscheinlich auch zu groß gewählt werden. Unter Berück-sichtigung der in der Literatur beschriebenen Effekte des Protokollierungs-zeitpunktes auf Selbstbeobachtungsdaten (Fliegel et al., 1994) sollte der Patient in der Baselinephase instruiert werden, die Eintragungen erst nach der Medikamenteneinnahme vorzunehmen, um zu diesem Zeitpunkt eine Verhaltensänderung zu vermeiden. Bei der Besprechung der Tagebuchda-ten kann die Frage nach Besonderheiten im Einnahmemuster im Vergleich zu den Wochen vor dem Therapiebeginn weiteren Aufschluß über ein even-tuell verändertes Komsumverhalten liefern.

Protokollblätter zur Unter-stützung der Hausaufgaben

Zeitpunkt der Aufzeichnung. In der Entzugsphase sollte die Aufzeichnung dann unmittelbar vor der Einnahme durchgeführt werden. Die Protokollie-rung „unerwünschten Verhaltens" vor der Ausführung unterbricht den übli-chen Verhaltensablauf; das Verhalten wird nicht oder zu einem späteren Zeitpunkt ausgeführt. Der Versuch, den Einnahmezeitpunkt zu verzögern, wurde auch von Patienten im Benzodiazepin-Entzug als hilfreich beschrie-ben (Cormack, Owens & Dewey, 1989).

Informationsgewinnung. Von der ersten Therapiewoche an werden im Ta-gebuch außerdem auch der subjektiv erlebte Drang, die Medikamente ein-zunehmen, und die Hauptbeschwerden des jeweiligen Tages aufgezeich-net. Für den Therapeuten ergeben sich hieraus Hinweise auf die Stärke der psychischen Abhängigkeit und auf potentielle Entzugsbeschwerden (beste-hende Symptome werden in der Regel während des Entzuges verstärkt). Im Verlauf der Therapie werden die Aufzeichnungen im Tagebuch bezüglich der Dauer und des Gelingens der häuslichen Übungen des Atem-/Entspan-nungstrainings und anderer Symptommanagement-Techniken erweitert.

Einführung des Tagebuchs. Bei der Einführung des Tagebuches sollte der Patient über den Zweck dieser Aufgabe informiert und die Eintragungen z. B. anhand der Daten des vergangenen Tages beispielhaft demonstriert werden. Information und Anleitung tragen ebenso wie die regelmäßige Besprechung der Eintragungen in der nächsten Therapiesitzung dazu bei, die aktive Mitarbeit des Patienten aufzubauen bzw. aufrechtzuerhalten. Ungenaue Vorbesprechung bzw. die Vernachlässigung der Nachbesprechung von Hausaufgaben sind mögliche Gründe dafür, daß Patienten zunehmend Hausaufgaben vergessen oder nicht durchführen. In bezug auf das häusliche Üben der in der Sitzung vermittelten Bewältigungsstrategien sollte gemeinsam mit dem Patienten festgelegt werden, wann, wie oft oder auch wie lange (z. B. beim Entspannungstraining) die Übungen durchzuführen sind. Es empfiehlt sich zudem, die konkret vereinbarten Aufgaben für die nächste Woche am Ende der Sitzung schriftlich zu fixieren und dem Patienten mitzugeben, wobei an dieser Stelle auch noch einmal auf mögliche Unklarheiten eingegangen werden kann. Bei der Besprechung des Tagebuches bzw. der Ereignisse der vergangenen Woche sollte in der Entzugs- und Postentzugsphase besonders auf das subjektive Erleben des Entzuges, auftretende Schwierigkeiten und Ängste eingegangen werden. In der Postentzugsphase bietet sich außerdem eine Modifikation des Tagebuches an, die für rückfallprophylaktische Maßnahmen bedeutsam ist. Der Patient sollte in dieser Phase die problematischen Situationen aufzeichnen, die potentiell zu erneutem Medikamentenkonsum veranlassen und die statt dessen alternativ eingesetzten Strategien zur Bewältigung dieser Situation dokumentieren.

Vor- und Nachbesprechung der Hausaufgaben sind wesentlich zur Aufrechterhaltung der Patientenmotivation

- *Rückfallprophylaxe*

Das therapeutische Ziel, dem Patienten während des Entzuges alternative Verhaltensweisen im Umgang mit seinen Beschwerden zu vermitteln und darüber seine Selbstkontrollfähigkeit bzw. auch -verantwortung zu stärken, impliziert bereits einen rückfallprophylaktischen Effekt. Weitere sinnvolle und notwendige Maßnahmen zur Verfestigung dieses Effektes werden im folgenden beschrieben:

- *Transfer des Erlernten*

Im Verlauf der Therapie sollte deutlich werden, daß die neu erlernten Verhaltensweisen nicht ausschließlich dem Entzugssymptom-Management dienen, sondern vielmehr auch allgemein einsetzbare Strategien im Umgang mit Beschwerden oder belastenden Situationen darstellen. Einen wesentlichen Beitrag dazu leistet die Aufklärung des Patienten über das Therapierational. In der Endphase der Behandlung kann ein Resümee des Patienten über das bislang in der Therapie Erlernte, seine daraus gezogenen Folgerungen für zukünftige Probleme, aber auch noch bestehende Befürchtungen Aufschluß über

Strategien in möglichst vielen Situationen trainieren

68

das Verständnis des Therapierationals und gegebenenfalls noch notwendige Interventionen zur Verfestigung des Selbstkontrollgedankens bzw. der Selbstwirksamkeitsüberzeugung geben. Der Transfer des Erlernten auf ein breites Spektrum von Belastungssituationen kann durch entsprechende Hausaufgaben in der Postentzugsphase explizit gefördert werden.

- *Analyse von potentiellen Rückfall- bzw. Versuchungssituationen*

Hinweise auf potentielle Rückfallsituationen liefern die im Verlauf der Therapie gesammelten Tagebuchdaten über typische Einnahmesituationen bzw. den Anlaß zur Einnahme in der Entzugsphase. Zum Teil werden diese Situationen jedoch, bedingt durch den Effekt der therapeutischen Maßnahmen, an Relevanz verloren haben. Die Patienten lernen z. B. in der Regel, Angst nicht mehr durch Benzodiazepine, sondern durch aktive Entspannung zu bewältigen. Durch die Modifikation des Therapietagebuches in der Postentzugsphase können aktuelle Versuchungssituationen identifiziert und therapeutisch bearbeitet werden.

- *Aufklärung über die Effekte erneuten Substanzkonsums*

Für Medikamentenabhängige gilt wie für andere stoffgebundene Abhängigkeiten auch, daß lebenslange Abstinenz der sicherste Weg zum dauerhaften Erfolg der Behandlung ist. Der Patient sollte daher z. B. auch instruiert werden, grundsätzlich seinen Arzt über seine Medikamentenabhängigkeitsgeschichte zu informieren, um eine erneute Verschreibung von Medikamenten mit Abhängigkeitspotential auszuschließen. Andererseits sollte jedoch auch deutlich gemacht werden, daß eine einmalige erneute Benzodiazepineinnahme nicht unausweichlich einen Rückfall vorprogrammiert. Im Fall der Medikamentenabhängigkeit ist dies besonders bedeutsam, da eine Substanzzufuhr in manchen Fällen für den Patienten auch unausweichlich sein kann (z. B. im Rahmen einer Notfallversorgung). Die einmalige Benzodiazepineinnahme kann jedoch unabhängig von der Abstinenzdauer in der Folgewoche zu leichten Entzugsreaktionen (z. B. Konzentrationsstörungen, Muskelverspannungen) führen (Higgitt, Fonagy & Lader, 1988).

Totale Abstinenz von Medikamenten ist schwer realisierbar

Die Relativierung des totalen Abstinenzprinzips ist auch bei der bewußten, vom Patienten initiierten neuerlichen Substanzeinnahme, ein wesentliches Mittel, um einen Rückfall zu vermeiden. Die inhaltliche Unterscheidung von Rückfall und Rückschlag oder „Ausrutscher" hat sich dabei als hilfreich erwiesen. Unter dem Prinzip der totalen Abstinenz interpretiert der Patient eine einmalige oder kurzfristige Wiedereinnahme mit hoher Wahrscheinlichkeit als Rückfall. Alles, was er bis dahin in bezug auf seine Abhängigkeit erreicht hat, scheint mit einem Schlag verloren. Die Vermittlung eines Rückschlagmodells bietet demgegenüber die Option, die erneute Einnahme als Ausrutscher zu interpretieren, der dem Patienten Handlungsbedarf signalisieren soll.

Rückschlag vs. Rückfall

In diesem Zusammenhang kann auch die Klärung des Gesundheitsbegriffes des Patienten bedeutsam sein. Wird Gesundheit mit völliger Beschwerdenfreiheit gleichgesetzt, ist es sicherlich wesentlich schwieriger für den Patienten, zufrieden und abstinent zu leben.

4.1.2 Behandlung der Abhängigkeit von anderen Medikamenten

● *Opioide*

Im Opioidentzug kommen bislang unabhängig davon, ob es sich um den Konsum opioidhaltiger Medikamente oder illegaler Opioide (z. B. Heroin) handelt, die gleichen Methoden zum Einsatz, wobei deutlich zwischen Entzug und Entwöhnung getrennt wird. Loimer (1992) unterscheidet drei Prinzipien des Opioidentzuges:

Ansätze aus der
Drogentherapie
werden auf
Behandlung der
Medikamenten-
abhängigkeit
übertragen

1. graduierter Entzug (z.T. mit vorauslaufender Umstellung der Medikation auf Methadon)

2. abrupter Entzug in Kombination mit Medikamenten, die Entzugssymptome lindern (z. B. das Antihypotonika Clonidin oder das Antidepressivum Doxepin)

3. induzierter Opioidentzug: durch die Gabe von Opiatantagonisten (z. B. Naloxon) wird das Entzugssyndrom provoziert und beschleunigt.

Mit Ausnahme des induzierten Entzuges, der eine intensive medizinische Überwachung erfordert, ist der Opioidentzug grundsätzlich auch ambulant durchführbar. Der Verlauf der Entzugssymptomatik und Erfolg der Abstinenzbemühungen wird durch psychologische Faktoren beeinflußt (Kleber, 1996). Dennoch wurden bislang keine spezifischen psychotherapeutischen Strategien zur Unterstützung des Entzugs von opioidhaltigen Medikamenten entwickelt. Die Berücksichtigung psychologischer Variablen erschöpft sich in Hinweisen auf den unterstützenden Effekt eines einfühlsamen, ermutigenden Behandlungsteams (Kleber, 1996). Psychologische Betreuung wird primär in der sogenannten Entwöhnungsphase angesiedelt. Evaluierte ambulante Konzepte bestehen unseres Wissens nicht. Im stationären Bereich werden Medikamentenabhängige häufig in Einrichtungen für Alkoholabhängige behandelt, wobei die medikamentenabhängigen Patienten in die bestehenden therapeutischen Programme integriert werden.

● *Stimulantien*

Auch zur Behandlung der Stimulantienabhängigkeit liegen keine spezifischen Behandlungsprogramme vor. Zudem ist bislang recht wenig über die besonderen Probleme oder Merkmale von Stimulantienabhängigen bekannt, so daß eher allgemeine Empfehlungen zum Behandlungsvorgehen in der Literatur zu finden sind (z. B. Poser & Poser, 1996, Schuckit, 1994). Edukative Programme zur Stärkung und Aufrechterhaltung der Entzugsmotivation, die Gabe von Antidepressiva zur Linderung der Entzugsdepression und supportive Gespräche zählen zu den empfohlen Maßnahmen. Medikamentöse Unterstützung des Entzugs (z. B. Gabe von Antidepressiva, Carbamazepin oder dopaminerger Substanzen) zeigte in kontrollierten Behandlungsstudien bislang nicht die erhoffte Wirksamkeit: Entzugssymptome werden durch die Medikamente nur unwesentlich stärker gelindert als durch Placebos.

Aus psychologischer Sicht erscheint eine Substitutionsbehandlung bzw. die Gabe von symptomlindernden Substanzen in der Behandlung der Medikamentenabhängigkeit wenig erfolgversprechend bzw. kontraindiziert. Medikamentös unterstützter Entzug bestätigt die Überzeugung des Patienten, auf Hilfe von außen d.h. auf chemische Substanzen angewiesen zu sein und verstärkt so eingeschliffene Bewältigungsmuster. Unter der Annahme, daß fehlende alternative Bewältigungsstrategien im Umgang mit psychischen und/oder körperlichen Problemen wesentlich zur Aufrechterhaltung der Medikamentenabhängigkeit beitragen, erscheint ein jeweils an die spezifische Entzugs- und Ausgangssymptomatik des Patienten adaptiertes Symptommanagement-Training als eine vielversprechende Behandlungsmethode. Für den chronischen Schmerzpatienten mit Abhängigkeit von opioidhaltigen Analgetika könnte damit beispielsweise die Vermittlung von alternativen Schmerzbewältigungstechniken im Vordergrund stehen. Hier haben sich Methoden der Entspannung und Ablenkung als wirksam erwiesen.

Medikation im Entzug eher kontraindiziert

Von einem Verzicht auf pharmakologische Behandlung im Entzug ist selbstverständlich dann abzusehen, wenn schwerwiegende medizinische Komplikationen (z. B. Krampfanfälle) zu erwarten sind oder der Patient unter weiteren vom Abhängigkeitssyndrom unabhängigen psychischen Störungen leidet (z. B. beim Stimulantien-Entzug eines Patienten mit Schizophrenie), die medikationspflichtig sind.

4.2 Wirkungsweise der Methoden

Zu den Wirkmechanismen kognitiv-verhaltenstherapeutischer Behandlungsmethoden gibt es eine Anzahl von theoretischen Modellen, die aber vor allem im Bereich des Substanzentzuges noch unzureichend empirisch belegt sind. Ein Element aller Programme ist der Aufbau alternativer Aktivitäten, die einen Ersatz für die bisher belohnende Wirkung der eingenommen Substanz bieten sollen. Auf diese Weise soll die Summe positiver Verstärker insgesamt gleich bleiben oder sich, wenn möglich, verbessern. Die-

Aufbau alternativer Aktivitäten als Ersatz für die belohnende Wirkung der Substanzen

ses Vorgehen soll auch der Depression, die sich häufig infolge des Medikamentenentzugs, aber auch schon während der Langzeiteinnahme entwickelt, entgegenwirken.

Inadäquates Coping. Die Zusammensetzung der therapeutischen Bausteine des Symptommanagement-Trainings leitet sich aus den Annahmen ab, daß Abhängigkeit durch inadäquate Streßbewältigungs- bzw. Selbstmanagementfertigkeiten gefördert bzw. aufrechterhalten und die Abstinenzabsicht im Entzug insbesondere durch erhöhte Angst gefährdet wird, wobei die auftretenden Entzugssymptome mit zu dieser erhöhten Ängstlichkeit beitragen. Fehlende alternative Bewältigungsstrategien im Umgang mit problematischen Situationen können bereits die erstmalige Einnahme von Medikamenten begünstigen oder eine Folge des chronischen Medikamentenkonsums darstellen. Den Resultaten einer eigenen Untersuchung zufolge setzen medikamentenabhängige Frauen in Streßsituationen zwar eine Vielzahl von Copingstrategien ein, stimmen jedoch die Auswahl der Strategien nicht auf die Situationsanforderungen ab und erleben zugleich wenig Handlungs- und Kontrollmöglichkeiten. (Franke, Elsesser, Sitzler, Algermissen & Kötter, 1998). Dies kann als ein Hinweis auf mangelndes Vertrauen in die Effektivität der eigenen Copingstrategien interpretiert werden: Medikamentenabhängige Frauen greifen offenbar recht wahllos in Problemsituationen auf vielerlei Strategien zurück, ohne jedoch davon überzeugt zu sein, daß damit die Situationsbewältigung gelingt oder auch ohne die Strategien so konsequent zu verfolgen, daß sie wirksam werden können.

Angstsymptome. In pharmakologisch unterstützten Entzugsstudien wurde wiederholt erhöhte Angst vor Beginn der Entzugsbehandlung und ein deutlicher Angstanstieg während des Entzuges von Benzodiazepinen als Mißerfolgsprädiktor identifiziert. Angststörungen stellen zugleich das primäre Indikationsgebiet der Benzodiazepine dar, d. h. die Abhängigkeitsproblematik nimmt häufig ihren Ausgang in dem Versuch, Angstsymptome zu lindern. Als wesentliche Therapieziele wurden daraus der Aufbau alternativer Bewältigungsstrategien im Umgang mit Streß- und Angstsituationen einerseits und mit den individuellen Entzugssymptomen andererseits sowie die Stärkung der subjektiven Selbstwirksamkeitsüberzeugung abgeleitet. Die einzelnen therapeutischen Bausteine im Symptommanagement-Training verfolgen diese Ziele mit unterschiedlicher Gewichtung.

Kontrollierbarkeit der Symptome. Das Angstbewältigungstraining ist eine effektive Methode zur Behandlung von Angststörungen und zeichnet sich dadurch aus, daß eine generell anwendbare Bewältigungsstrategie für den Umgang mit Belastungssituationen trainiert wird. Damit sollte diese Technik auch einen Beitrag zur Rückfallprophylaxe leisten. Das Angstbewältigungstraining ist zugleich ergänzungsbedürftig, da im Medikamentenentzug neben Angst- oder Erregungssymptomen weitere Beschwerden auftreten, die nicht über Entspannungstechniken bewältigt werden können. Daher werden zusätzliche Managementtechniken vermittelt, die an den spezifischen Entzugssymptomen ansetzen und zudem so konzipiert sind, daß der Effekt der Bewältigungsbemühungen so rasch und zuverlässig wie möglich erfolgt. Kontingente Rückmeldung von Erfolg ist für den streßreduzierenden Effekt eines Verhaltens wesentlich (Weiss, 1971). Kontingente Erfolgserlebnisse tragen wahrscheinlich dazu bei, daß subjektive Kontrolle über aversive Ereignisse erlebt wird und dies zu einer Reduktion der erlebten Angst führt. Die im Verlauf des Trainings unmittelbar erlebten, symptomreduzierenden Effekte sollten also eher zu einer Modifikation der Einschätzung eigener Bewältigungsmöglichkeiten und deren Effizienz führen.

4.3 Effektivität und Prognose

Mitte der 80er Jahre wurde die erste kontrollierte Behandlungsuntersuchung zur Unterstützung des Benzodiazepinentzugs durchgeführt, und bisher blieb es bei einem halben Dutzend solcher Studien (Überblick bei Elsesser, 1996). Es wurden kognitiv-verhaltenstherapeutische Methoden wie Angst- und Streßbewältigungstraining und Symptommanagement-Training eingesetzt. Letztere Methode war bisher mit fast 100%iger Abstinenzrate am erfolgreichsten (Elsesser, Sartory & Maurer, 1996). Angst- und Streßbewältigungstraining führte zu einer durchschnittlichen Abstinenzrate von etwa 50 % und insgesamt zu einer Dosissenkung von 70 %. Bei der Nachuntersuchung nach einem Jahr war hinsichtlich der Abstinenzrate kein Unterschied mehr zwischen den Gruppen zu beobachten.

Abbruchraten. Bei der Erfolgsevaluation muß neben der Anzahl der Patienten, die am Ende des Programms abstinent sind und es bis zur Nachuntersuchung blieben, auch die Anzahl der Patienten bedacht werden, die das Programm frühzeitig und ohne abstinent geworden zu sein, beenden. Insgesamt sind die berichteten Abbruchraten inkonsistent. So wurde in einer Untersuchung eine Abbruchrate von 84 % bei Information, Entspannung und Telefonkontakt berichtet und in einer anderen bei ähnlicher Behandlung eine Abbruchrate von 0 %. In beiden Untersuchungen wurde die Medikation individuell graduiert abgesetzt. Wie bei allen Süchten spielt sicher auch beim Medikamentenentzug die Motivation der Patienten eine wichtige Rolle. Bei der Untersuchung mit der hohen Abbruchrate waren Patienten ursprünglich wegen Angstbeschwerden zur Behandlung gekommen und der Entzugsbehandlung zugeteilt worden, da bei ihnen Abhängigkeit vermutet wurde. Bei der Untersuchung ohne Abbrecher hatten sich die Patienten um die Aufnahme in eine Entzugsbehandlung bemüht. Bei der oben genannten Untersuchung (Elsesser et al. 1996) lag die Abbruchrate zwischen 30 und 50 %.

Hohe Abbruchquoten bei Entzugsprogrammen

Medikamentöse Entzugsbehandlung. Bei der pharmakologischen Unterstützung des Medikamentenentzugs wird ein anderes anxiolytisches Medikament gegeben. Die Abbruchquoten sind ähnlich hoch wie bei psychologischen Programmen, doch der unmittelbare Abstinenzerfolg ist höher, wahrscheinlich weil die meisten Programme stationär durchgeführt werden.

Rückfall. Langfristig zeigte die Mehrzahl der medikamentös behandelten Patienten einen Rückfall und kehrte zur ursprünglichen Medikation zurück. Nach psychologischer Behandlung sind die Patienten seltener rückfällig: etwa 10 % der am Ende der Behandlung abstinenten Patienten kehren innerhalb einiger Monate wieder zur Einnahme des Medikaments zurück.

Prädiktoren des Entzugserfolgs. Bei medikamentösen Entzugsprogrammen wurde eine Reihe von Prädiktoren des Entzugserfolgs identifiziert. So scheint der Entzug mit zunehmendem Alter schwieriger, ebenso bei ausgeprägterer Depression, Angst oder Persönlichkeitsstörungen. Bei psychologischen Behandlungsprogrammen war Alter von geringerer Bedeutung ebensowenig wie komorbide Störungen, vielleicht weil letztere „mitbehandelt" werden.

4.4 Varianten der Methode und Kombinationen

Behandlung auf komorbide Störungen abstimmen

Das Behandlungsvorgehen kann in Abhängigkeit von individuell bestehenden komorbiden Störungen ergänzt bzw. abgewandelt werden. Das vorgestellte Entzugsprogramm ist in erster Linie auf Patienten mit komorbiden Angststörungen zugeschnitten. Das implementierte Angstbewältigungstraining vermittelt den Patienten eine allgemein in Angst- oder Belastungssituationen anwendbare Copingstrategie, so daß parallel zum Entzugserfolg auch eine Reduktion der Angstsymptomatik beobachtet werden kann.

Panikstörung. Eine spezifisch auf Patienten mit komorbider Panikstörung abgestimmte Variante eines Symptommanagement-Trainings wurde von Otto et al. (1993) erfolgreich erprobt. Abgeleitet aus dem Rational der kognitiv-verhaltenstherapeutischen Therapie der Panikstörung (vgl. Schneider & Margraf, 1998) steht hierbei, neben der Vermittlung von Copingstrategien zum Umgang mit Panik- und Entzugssymptomen, die Identifikation und Modifikation von katastrophisierenden Fehlinterpretationen somatischer Symptome im Mittelpunkt des Behandlungsvorgehens.

Komorbide Schlafstörungen. Häufig leiden Benzodiazepin-abhängige Patienten zugleich unter Schlafstörungen, die eine Einbindung spezifischer Interventionstechniken wie z. B. Atem-Konzentrations-Übungen, Gedankenstopp oder Konditionierungstechniken (Umkonditionierung des Bettes zu einem CS für Ruhe und Entspannung) und nicht zuletzt auch die Informationen über Schlaf erfordern. Diese Methoden sind selbstverständlich auch als ergänzende Kontrolltechniken bei Patienten einzusetzen, die im Verlauf des Entzuges erstmalig über Ein- oder Durchschlafprobleme als Entzugssymptom klagen. Eine ausführliche Darstellung der Behandlung von Schlafstörungen haben Backhaus & Riemann (1999) in der Reihe „Fortschritte der Psychotherapie" vorgelegt.

Depression. Bei ausgeprägter depressiver Symptomatik ist zu erwarten, daß die Wirksamkeit von psychologischen Angstreduktionsmethoden vermindert ist (Foa, 1979). Hohe Depressionswerte vor Behandlungsbeginn wurden entsprechend auch als Mißerfolgsprädiktor im Benzodiazepin-Entzug identifiziert (Schweizer et al., 1991).

Der Behandlungsplan abhängiger Patienten mit komorbider Depression sollte damit zunächst auf eine Reduktion der affektiven Störung abzielen.

4.5 Probleme bei der Durchführung

Bei der Beschreibung des Behandlungsvorgehens wurde bereits auf häufig auftretende praktische Probleme bei der Durchführung der einzelnen Interventionstechniken eingegangen. An dieser Stelle sollen nun Durchführungsprobleme angesprochen werden, die weniger auf fehlende praktische Erfahrung im Umgang mit der Interventionstechnik oder der Patientengruppe zurückgehen, sondern eher in spezifischen Störungsmerkmalen bzw. Symptomkonstellationen begründet liegen.

Suchtkomponente der Störung. Insgesamt ist der Erfolg der psychologischen Unterstützung des Medikamentenentzugs geringer als der in der Behandlung von Angst- und affektiven Störungen. Vor allem die hohe Abbruchrate von 50 % – verglichen mit der üblichen Abbruchrate von 10 % – wirkt sich negativ auf die Erfolgsbilanz aus. Es besteht zudem noch weitgehend Unklarheit über Erfolgsprädiktoren der Behandlung bzw. Indikatoren einer schlechten Prognose. Problematisch ist beim Medikamentenentzug, im Vergleich zu „bloßen" Angststörungen, daß die Indikationslage aus zwei Komponenten besteht, einerseits der nun wiederkehrenden oder durch die chronische Medikation erzeugten Angstsymptome und andererseits der Abhängigkeit oder Sucht. Die angewandten psychologischen Methoden haben sich zuvor bei Angststörungen als hoch erfolgreich erwiesen; die Annahme ist daher naheliegend, daß die Mißerfolge der Anwendung bei Medikamentenentzug in erster Linie auf die gleichzeitige Suchtproblematik zurückzuführen ist, die dadurch nicht „angesprochen" wird. Die psychologischen Behandlungsmethoden im Suchtbereich sind insgesamt bedeutend weniger ausgereift oder erfolgreich als bei Angststörungen.

Die Suchtkomponente der Medikamentenabhängigkeit bedingt die hohe Abbruchrate

Patientenmerkmale und -erwartungen. Die beschriebene externe Kontroll-orientierung und das geringe Vertrauen in die eigenen Bewältigungsfähigkeiten bei medikamentenabhängigen Patienten beeinflussen nicht nur das Konsumverhalten von Medikamenten, sondern auch die Erwartungen der Patienten an die Psychotherapie. Das eingeschliffene Verhalten, Hilfe von außen zu erwarten, die zudem möglichst ohne eigene Anstrengungen Linderung verschafft, ist mit dem verhaltenstherapeutischen Selbstkontrollansatz jedoch inkompatibel. Klärung und Korrektur des subjektiven Störungsmodells des Patienten sind daher wichtige Voraussetzungen, um eine günstige Ausgangsbasis für eine erfolgreiche Therapie zu schaffen. Ein konstruktives Störungsmodell ist frei von Schuldzuweisungen gegenüber Dritten oder dem Patienten selbst („Der Arzt ist schuld, da er mir die Medikamente so lange verschrieben hat.") und stellt den Patienten als aktiven Teil des Erkrankungs- ebenso wie des Gesundungsprozesses in den Mittelpunkt. Aus dem theoretischen Ansatz fehlender alternativer Bewältigungsstrategien läßt sich ein individuell angepaßtes Störungsmodell ableiten.

Schuldzuweisungen sind kontraproduktiv

Substanzentzug als Verstärkerentzug. Unter Berücksichtigung des Verstärkermodells der Abhängigkeit können ausbleibende Therapiefortschritte bei einigen Patienten damit erklärt werden, daß der Substanzkonsum in ihrem Leben vorrangiger oder einzig verbliebener Verstärker ist. Der Entzug der Substanz und vor allem dauerhafte Abstinenz kann damit nur gelingen, wenn alternative Verstärker angeboten bzw. wieder aufgebaut werden. Aufbauend auf der Analyse potentieller Verstärker und Möglichkeiten zur Erhöhung von Zufriedenheit/Befriedigung im Alltag kann z. B. ein „Genußtraining" (Lutz & Koppenhofer, 1983) durchgeführt werden.

Aufbau sozialer Kontakte. Eine weitere wichtige Quelle positiver Verstärkung sind soziale Beziehungen. Langjähriges Vermeidungsverhalten aufgrund bestehender Ängste, Konzentration der eigenen Aktivitäten auf den Substanzkonsum und Vernachlässigung sozialer Kontakte als Merkmale der Medikamentenabhängigkeit verdeutlichen, daß in einigen Fällen Hilfestellungen beim Aufbau und der Aufrechterhaltung zwischenmenschlicher Beziehungen erforderlich sind. Dazu können Techniken des sozialen Kompetenztrainings (vgl. Fliegel et al., 1994) und der Aufbau sozialer Aktivitäten über Aktivitätslisten und Hausaufgaben eingesetzt werden.

Bedeutung von Bezugspersonen des Patienten. Wendland & Lucius (1989) weisen auf eine hohe Prävalenz von Partnerschaftsproblemen bei Medikamentenabhängigen hin. Im Laufe der Abhängigkeitserkrankung des Patienten können sich außerdem Interaktionsmuster mit Angehörigen entwickeln, die zur Aufrechterhaltung der Abhängigkeit beitragen bzw. symptomverstärkende Funktion haben (z. B. Medikamenteneinnahme wird von den Angehörigen als „Gesundungsbemühen" verstanden und daher unterstützt; Schonung des Patienten erfolgt besonders dann, wenn er über starke Schmerzen, Ängste oder andere Symptome klagt). Unter diesem Aspekt ist der Einbezug von Familienangehörigen in das therapeutische Geschehen zu erwägen. Die erfolgreiche Umsetzung der Abstinenzabsicht wird von der aktiven Unterstützung aller Interaktionspartner mit beeinflußt. Mangelnde Kommunikation bzw. Zusammenarbeit von Therapeut und Arzt sind daher ein weiterer potentiell problematischer Aspekt bei der Behandlung von Patienten mit der Diagnose einer Medikamentenabhängigkeit.

5 Weiterführende Literatur

Elsesser, K. (1996). *Verhaltenstherapeutische Unterstützung des Benzodiazepin-Entzugs.* Weinheim: Psychologie Verlags Union.
Poser, W. & Poser, S. (1996). *Medikamente – Mißbrauch und Abhängigkeit: Entstehung – Verlauf – Behandlung.* Stuttgart: Thieme.

6 Literatur

American Psychiatric Association (1994). *Diagnostic and Statistical Manual of Mental Disorders. Fourth Edition (DSM-IV).* Washington, D.C.: American Psychiatric Press.
Ashton, H. (1987). Benzodiazepine withdrawal: Outcome in 50 patients. *British Journal of Addiction, 82,* 665.
Ashton, H. (1995). Protracted withdrawal from benzodiazepines: the post-withdrawal syndrome. *Psychiatric Annals, 25* (3), 174-179.
Backhaus, J. & Riemann, D. (1999). *Schlafstörungen.* Göttingen: Hogrefe.
Barnas, C., Whitworth, A. B. & Fleischhacker, W. W. (1993). Are patterns of benzodiazepine use predictable. *Psychopharmacology, 111,* 301-305.
Blum, K. & Noble, E. (1993). Drug dependence and the A1 allele gene. *Drug and Alcohol Dependence, 33* (5).
Busto, U., Sellers, E. M., Naranjo, C. A., Cappell, H., Sanchez-Craig, M. & Sykora, K. (1986). Withdrawal reaction after long-term therapeutic use of benzodiazepines. *The New England Journal of Medicine, 315,* 854-859.
Busto, U., Romach, M.K. & Sellers, E.M. (1996). Multiple drug use and psychiatric comorbidity in patients admitted to the hospital with severe benzodiazepine dependence. *Journal of Clinical Psychopharmacology, 16,* 51-57.
Childress, A. R., McLellan, A. & O'Brian, C. (1984). Measurement and extinction of conditioned withdrawal-like responses in opiate dependent patients. In L. Harris (Ed.), *Problems of Drug Dependence.* (NIDA Research Monograph Series No. 49, pp. 212-219). Washington: National Institute on Drug Abuse.

Closser, M. H. (1991). Benzodiazepines and the Elderly. *Journal of Substance Abuse Treatment, 8*, 35-41.

Cohen, L. S. & Rosenbaum, J. F. (1987). Clonazepam: New uses and potential problems. *Journal of Clinical Psychiatry, 48 (Suppl. 10)*, 50-55.

Cormack, M. A., Owens, R. G. & Dewey, M. E. (1989). *Reducing Benzodiazepine Consumption.* New York: Springer.

Curran, H. V. (1986). Tranquillising Memories: A Review of the Effects of Benzodiazepines on Human Memory. *Biological Psychology, 23*, 179-213.

Dilling, H., Mombour, W. & Schmidt, M. H. (1991). *Internationale Klassifikation psychischer Störungen. ICD-10 Kap. V(F).* Bern: Huber.

Elsesser, K. (1996). *Verhaltenstherapeutische Unterstützung des Benzodiazepin-Entzugs.* Weinheim: Psychologie Verlags Union.

Elsesser, K., Sartory, G. & Maurer, J. (1996). The efficacy of complaints management training in facilitating benzodiazepine withdrawal. *Behaviour Research & Therapy, 34*, 149-156.

Fichter, M. M., Witzke, W., Leibl, K. & Hippius, H. (1989). Psychotropic drug use in a representative community sample: the Upper Bavarian study. *Acta Psychiatrica Scandinavica, 80*, 68-77.

Fliegel, S., Groeger, W. M., Künzel, R., Schulte, D. & Sorgatz, H. (1994). *Verhaltenstherapeutische Standardmethoden* (3. Auflage). Weinheim: Psychologie Verlags Union.

Foa, E.B. (1979). Failure in treating obsessive-compulsives. *Behaviour Research & Therapy, 17*, 169-176.

Franke, A., Elsesser, K., Sitzler, F., Algermissen, F. & Kötter, S. (1998). *Gesundheit und Abhängigkeit bei Frauen: Eine salutogenetische Verlaufsstudie.* Cloppenburg: Runge.

Funke, W., Funke, J., Klein, M. & Scheller, R. (1987). *Trierer Alkoholismusinventar (TAI).* Göttingen: Hogrefe.

Ghadrian, A. M., Gauthier, S. & Wong, T. (1987). Convulsions in patients abruptly withdrawn from clonazepam while receiving neuroleptic medication. *American Journal of Psychiatry, 144*, 686.

Goldstein, A. (1994). *Addiction: From biology to drug policy.* New York: W. H. Freeman.

Gossop, M. R. & Eysenck, S. B. G. (1980). A further investigation into the personality of drug addicts in treatment. *British Journal of Addictions, 75*, 301-311.

Gray, J. A. (1987). Interactions between Drugs and Behavior Therapy. In H. J. Eysenck & J. Martin (Eds.), *Theoretical Foundations of Behavior Therapy* (p. 433-447). New York: Plenum Press.

Hallstrom, C. & Lader, M. (1982). The Incidence of Benzodiazepine Dependence in Long-term users. *Journal of Psychiatric Treatment and Evaluation, 4*, 293-296.

Hasin, D., Endicott, J. & Lewis, C. (1985). Alcohol and drug abuse in patients with affective syndromes. *Comprehensive Psychiatiatry, 26*, 283-295.

Hautzinger, M., Bailer, M., Worall, H. & Keller, F. (1994). *Beck-Depressions-Inventar.* Bern: Huber.

Hautzinger, M., Stark, W. & Treiber, R. (1988). *Kognitive Verhaltenstherapie bei Depressionen.* Weinheim: Psychologie Verlags Union.

Higgitt, A., Fonagy, P. & Lader, M. (1988). The history of tolerance to the benzodiazepines. *Psychological Medicine, Monograph, Supplement 13.*

Hiller, W., Zaudig, M. & Mombour, W. (1995). *Internationale Diagnosen Checklisten für ICD-10.* Bern: Huber.

Hiller, W., Zaudig, M. & Mombour, W. (1997). *Internationale Diagnosen Checklisten (IDCL) für DSM-IV.* Göttingen: Hogrefe.

78

Hocker, K. M. (1994). Probleme der Schmerzmedikation und Abhängigkeit. *Rehabilitation*, *33*, 97-101.

Hughes, J., Smith, T. W., Kosterlitz, H. W., Fothergill, L. A., Morgan, A. & Morris, H. R. (1975). Identification of two related pentapeptides from the brain with potent opiate agonist activity. *Nature, 258*, 577-579.

Kay, D. W. K., Fahy, T. & Garside, R. F. (1970). A seven month double-blind trial of amitriptyline and diazepam in ECT-treated depressed patients. *British Journal of Psychiatry, 117*, 667-671.

Kleber, H. D. (1996). Pharmacological treatments for narcotic and opioid addictions. In G. O. Gabbard & S. D. Atkinson (Eds.), *Synopsis of Treatments of Psychiatric Disorders* (2.nd Edition, p. 329-338). Washington: American Psychiatric Press.

Kouyanou, K., Pither, C. E. & Wessely, S. (1997). Medication misuse, abuse and dependence in chronic pain patients. *Journal of Psychosomatic Research, 43* (5), 497-504.

Kraus, L. & Bauernfeind, R. (1998). Repräsentativerhebung zum Gebrauch psychoaktiver Substanzen bei Erwachsenen in Deutschland 1997. *Sucht, 44 (Sonderheft 1)*, S7 -S92.

Kuhs, H. (1994). Medikamentenmißbrauch: Ursachen, Folgen und Behandlung. In G. Nissen (Hrsg.), *Abhängigkeit und Sucht: Prävention und Therapie* (S. 76-87). Bern: Huber.

Lachner, G. & Wittchen, H.-U. (1996). Das Composite International Diagnostic Interview Substance Abuse Module (CIDI-SAM). Ein neues Instrument zur klinischen Forschung und Diagnostik. In K. Mann & G. Buchkremer (Hrsg.), *Sucht: Grundlagen, Diagnostik, Therapie* (S. 147-156). Stuttgart; Jena; New York: G. Fischer.

Ladewig, D. (1992). Abusus und Abhängigkeit. In P. Riederer, G. Laux & W. Pöldinger (Hrsg.), *Neuropsychopharmaka* (Bd. 1, S. 411-419). Wien: Springer.

Laux, L., Glanzmann, P., Schaffner, P. & Spielberger, C.D. (1981). *STAI – Das State-Trait-Angstinventar.* Weinheim: Beltz Test.

Legarda, J. J., Bradley, B. P. & Sartory, G. (1990). Effects of drug-related cues in current and former opiate users. *Psychophysiology, 4*, 25-31.

Lehrl, S. & Gallwitz, A. (1977). *Erlanger-Depressions-Skala.* München: Vless.

Linden, M., Bär, T. & Geiselmann, B. (1998). Patient treatment insistence and medication craving in long-term low-dosage benzodiazepine prescriptions. *Psychological Medicine, 28*, 721-729.

Loimer, N. (1992). Wege und Irrwege in der Opiatentzugsbehandlung. *Nervenheilkunde, 11*, 192-197.

Loimer, N., Linzmayer, L., Grünberger, J. & Presslich, O. (1988). Objektivierung des Entzugssyndroms bei der Ultrakurzbehandlung mit hohen Naloxondosen bei Opiatabhängigen. *Therapiewoche Österreich, 12*, 1125-1130.

Luderer, H.-J., Schulz, M. & Mayer, M. (1995). Langzeiteinnahme von Benzodiazepinen – Krankheitsentwicklung, Folgeerscheinungen, Behandlungen. Eine retrospektive Krankenblattauswertung bei 194 Patienten. *Psychiatrische Praxis, 22*, 231-234.

Lutz, R. & Koppenhofer, E. (1983). Kleine Schule des Genießens. In R. Lutz (Hrsg.), *Genuß und Genießen* (S. 112-136). Weinheim: Beltz.

Margraf, J. (1994). *MINI-DIPS: Diagnostisches Kurz-Interview bei psychischen Störungen.* Berlin: Springer.

Martinez-Cano, H., De Iceta Ibáñez de Gauna, M., Vela-Bueno, A. & Wittchen, H.U. (1999). DSM-III-R co-morbidity in benzodiazepine dependence. *Addiction, 94,* 97-107.

Masse, L. C. & Tremblay, R. E. (1997). Behavior of boys in kindergarten and on the onset of substance use during adolescence. *Archives of General Psychiatry, 54*, 62-68.

Najavits, L. M., Gastfriend, D. R., Barber, J. P., Reif, S., Muenz, L. R., Blaine, J., Frank, A., Crits-Christoph, P., Thase, M. & Weiss, R. D. (1998). Cocaine dependence with and without PTSD among subjects in the National Institute on Drug Abuse collaborative cocaine treatment study. *American Journal of Psychiatry, 155 (2)*, 214-219.

O'Brien, C. P., O'Brien, T. J., Mintz, J. & Brady, J. P. (1975). Conditioning of narcotic abstinence symptoms in human subjects. *Drug and Alcohol Dependence, 1*, 115-123.

Olds, J. (1956). Pleasure centres in the brain. *Scientific American, 195*, 105-117.

Otto, M. W., Pollack, M. H., Sachs, G. S., Reiter, S. R., Meltzer-Brody, B. S. & Rosenbaum, J. F. (1993). Discontinuation of Benzodiazepine Treatment: Efficacy of Cognitive-Behavioral Therapy for Patients with Panic Disorder. *American Journal of Psychiatry, 150 (10)*, 1485-1490.

Poser, W. & Poser, S. (1996). *Medikamente – Mißbrauch und Abhängigkeit: Entstehung – Verlauf – Behandlung.* Stuttgart: Thieme.

Poser, W., Poser, S., Thaden, A., Eva-Kondemarin, P., Dickmann, U. & Stötzer, A. (1990). Mortalität bei Patienten mit Arzneimittelabhängigkeit und Arzneimittelkonsum. *Suchtgefahren, 36*, 313-319.

Remien, J. (1994). *Bestimmung der Arzneimittelabhängigkeit durch eine quantitative Analyse des individuellen Verbrauchs aller ärztlich verordneten Arzneimittel.* Bergisch Gladbach: IKK.

Regier, D. A., Farmer, M. E., Rae, D. S., Locke, B. Z., Keith, S. J., Judd, L. L. & Goodwin, F. K. (1990). Comorbidity of mental disorders with alcohol and other drug abuse. Results from the Epidemiologic Catchment Area (ECA) Study. *Journal of the American Medical Association, 264* (19), 2511-2518.

Rickels, K., Schweizer, E., Csanalosi, J., Case, G. & Chung, H. (1988). Long-term treatment of anxiety and risk of withdrawal. Prospective comparison of chlorazepate and buspirone. *Archives of General Psychiatry, 45*, 444-450.

Robins, L., Davis, D. & Goodwin, D. (1974). Drug use by US Army enlisted men in Vietnam: a follow-up on their return home. *American Journal of Epidemiology, 99*, 235-249.

Sartory, G., Master, D. & Rachman, S. (1989). Safety-signal therapy in agoraphobics: a preliminary test. *Behaviour Research & Therapy, 27*, 205-209.

Schneider, S. & Margraf, J. (1998). *Agoraphobie und Panikstörung.* Göttingen: Hogrefe.

Schuckit, M. A. (1994). The treatment of stimulant dependence. *Addiction, 89*, 1559-1563.

Schulte, D. (1996). *Therapieplanung.* Göttingen: Hogrefe.

Schweizer, E., Case, G. & Rickels, K. (1989). Benzodiazepine dependence and withdrawal in elderly patients. *American Journal of Psychiatry, 146*, 529-531.

Schweizer, E., Rickels, K., Case, W. E. & Greenblatt, D. J. (1991). Carbamazepine Treatment in Patients Discontinuing long-term Benzodiazepine Therapy. *Archive of General Psychiatry, 48*, 448-452.

Siegel, S. (1976). Morphine analgesic tolerance: its situation specificity supports a Pavlovian conditioning model. *Science, 193*, 323-325.

Taylor, J. L. & Tinklenberg, J. R. (1987). Cognitive Impairment and Benzodiazepines. In H.Y. Meltzer (Ed.), *Psychopharmacology. The third generation of progress* (p. 1449-1454). New York: Raven Press.

Tyrer, P., Murphy, S. & Riley, P. (1990). The Benzodiazepine Withdrawal Symptom Questionaire. *Journal of Affective Disorders, 19*, 53-61.

Tyrer, P., Rutherford, D. & Huggett, T. (1981). Benzodiazepine withdrawal symptoms and propranol. *The Lancet, 1*, 520-522.

Volkow, N. D., Wang, G. J., Fowler, J. S., Logan, J., Gatley, S. J., Hitzemann, R., Chen, A. D., Dewey, S. L. & Pappas, N. (1997). Decreased striatal dopaminergic responsiveness in detoxified cocaine-dependent subjects. *Nature, 386* (6627), 830-833.

Wardle, J., Hayward, P., Higgitt, A., Stabl, M., Blizard, R. & Gray, J. (1994). Effects of concurrent diazepam treatment on the outcome of exposure therapy in agoraphobia. *Behaviour Research and Therapy, 32,* 203-215.

Watzl, H., Rist, F. Höcker, W. & Miehle, K. (1991). Entwicklung eines Fragebogens zur Erfassung von Medikamentenmißbrauch bei Suchtpatienten. In M. Heide & H. Lieb (Hrsg.), *Sucht und Psychosomatik: Beiträge des 3. Heidelberger Kongresses* (S. 123-139). Bonn: Nagel.

Weiss, J. M. (1971). Effects of coping behavior in different warning signal conditions on stress pathology in rats. *Journal of Comparative and Physiological Psychology, 77,* 1-13.

Wendland, K.-L. & Lucius, H. (1989). Untersuchungen zum Problem der langfristigen Benzodiazepinmedikation. *Psychiatrische Praxis, 16,* 182-188.

Wilhelm, F. & Roth, W. T. (1998). Akute und verzögerte Effekte von Alprazolam auf Flugphobiker während Exposition in vivo. *Verhaltenstherapie, 8 (1),* 38-47.

Wittchen, H.-U., Zaudig, M. & Fydrich, T. (1997). *Strukturiertes Klinisches Interview für DSM-IV.* Göttingen: Hogrefe.

Wittchen, H.-U. & Zerssen, D. von (1987). *Verläufe behandelter und unbehandelter Depressionen und Angststörungen. Eine klinisch-psychiatrische und epidemiologische Verlaufsuntersuchung.* Berlin: Springer.

World Health Organization, WHO (1991). *Tenth Revision of the International Classification of Diseases, Chapter, V (F): Mental and Behavioral Disorders.* Genf: WHO.

Zerssen, D. v. (1976). *Die Beschwerden-Liste.* Weinheim: Beltz Test Gesellschaft.

7 Anhang

Nützliche Adressen

Deutsche Hauptstelle gegen die Suchtgefahren e.V.
Postfach 1369
59003 Hamm

Die Deutsche Hauptstelle gegen die Suchtgefahren (DHS) hält verschiedene Broschüren zu Medikamentenabhängigkeit (für Ärzte, Patienten und Angehörige) zur Verfügung. Die Broschüren werden kostenlos abgegeben – es wird lediglich um Erstattung der Portokosten gebeten.

Kurzfragebogen zum Medikamentengebrauch

Auf dieser Seite werden eine Reihe von Gewohnheiten und Schwierigkeiten beschrieben, die sich bei der Einnahme von Medikamenten einstellen können. Es sind aber nur jene Medikamente gemeint, die *Ihre Stimmung* verändern und die Sie einnehmen, um *besser schlafen* zu können, um *ruhiger* oder *leistungsfähiger* zu werden oder um *weniger Schmerzen* zu haben.

Prüfen Sie jede Feststellung, ob diese auf Sie zutrifft oder nicht und kreuzen Sie dann das entsprechende Kästchen an. Bitte antworten Sie bei jeder Feststellung, lassen Sie keine davon aus.

	Trifft zu	Trifft nicht zu
Ohne Medikamente kann ich schlechter einschlafen.		
Ich habe mir sicherheitshalber schon einmal einen kleinen Tablettenvorrat angelegt.		
Wenn ich keine Medikamente nehmen würde, wäre ich mit mir zufrieden.		
Zeitweilig möchte ich mich von allem zurückziehen.		
Es gibt Situationen, die schaffe ich ohne Medikamente nicht.		
Andere glauben, daß ich Probleme mit Medikamenten habe.		
Einmal möchte ich aufhören, Medikamente zu nehmen, dann wieder nicht.		
Weil ich Schmerzen habe nehme ich oft Medikamente.		
In Zeiten erhöhter Medikamenteneinnahme habe ich weniger gegessen.		
Ich fühle mich ohne Medikamente nicht wohl.		
Manchmal war ich über mich selbst erstaunt, wenn ich mir überlegte, wie viele Tabletten ich an einem Tag eingenommen habe.		
Mit Medikamenten fühle ich mich oft leistungsfähiger.		

Screening-Fragebogen zur Identifikation einer möglichen Medikamentenabhängigkeit
(Watzl, Rist, Höcker & Miehle; 1991)

Benzodiazepin-Entzugssymptomliste

Bitte geben Sie für jedes der genannten Symptome durch Ankreuzen der Zahlen 1 bis 5 an, ob bzw. wie stark Sie sich durch das betreffende Symptom beeinträchtigt fühlen. Hierbei bedeutet:

1 = Symptom nicht vorhanden / keine Beeinträchtigung
2 = Symptom schwach vorhanden / leichte Beeinträchtigung
3 = Symptom mittelstark ausgeprägt / mittlere Beeinträchtigung
4 = Symptom stark vorhanden / starke Beeinträchtigung
5 = Symptom sehr stark / sehr starke Beeinträchtigung

Angst/Spannung	1	2	3	4	5
Ruhelosigkeit	1	2	3	4	5
Irritiertheit	1	2	3	4	5
Energiemangel	1	2	3	4	5
Beeinträchtigung des Gedächtnisses/der Konzentration	1	2	3	4	5
Depression	1	2	3	4	5
Depersonalisation (z. B. veränderte Körperwahrnehmung)	1	2	3	4	5
Schlafstörungen/Müdigkeit	1	2	3	4	5
Appetitverlust	1	2	3	4	5
Kopfschmerz	1	2	3	4	5
Muskelschmerz	1	2	3	4	5
Übelkeit	1	2	3	4	5
Tremor/Zittern	1	2	3	4	5
Schwitzen	1	2	3	4	5
Herzrasen	1	2	3	4	5
Atemnot	1	2	3	4	5
Engegefühl in Brust/Hals	1	2	3	4	5
Hitzewellen/Kälteschauer	1	2	3	4	5
verlangsamte Sprache	1	2	3	4	5
metallischer Geschmack im Mund	1	2	3	4	5
Kribbeln unter der Haut	1	2	3	4	5
schmerzende, tränende Augen	1	2	3	4	5
erhöhte Lichtempfindlichkeit	1	2	3	4	5
Koordinationsstörungen	1	2	3	4	5
Schwindel	1	2	3	4	5
Überempfindlichkeit gegenüber Berührungen	1	2	3	4	5
paranoide Reaktionen, z. B. Verfolgungswahn	1	2	3	4	5
visuelle Halluzinationen	1	2	3	4	5
Gleichgewichtsstörungen	1	2	3	4	5
verschwommene Wahrnehmung	1	2	3	4	5
Brennen auf der Haut	1	2	3	4	5
Druckgefühl im Gesicht	1	2	3	4	5
akustische Überempfindlichkeit	1	2	3	4	5

Liste der Benzodiazepin-Derivate

Freiname	Handelsname (Beispiele)	Halb-werts-zeit (h)	Metaboliten (HWZ/h)	empfohlene Tagesdosis	Äquivalenz-dosis[1]
Alprazolam	Tafil	10–20	unbedeutend	1–4 mg	0.25 mg
Bromazepam	Lexotanil, Normoc	10–30	unbedeutend	3–6 mg	3 mg
Chlordia-zepoxid	Librium	5–30	Nordiazepam (50–100)	5–50 mg	25 mg
Clobazam	Frisium	10–24	Desmethyl-clobazam (40)	20–30 mg	20 mg
Diazepam	Valium, Valiquid	20–45	Nordiazepam (50–100)	5–20 mg	
Clorazepat[2]	Tranxillium	1–2	Nordiazepam (50–100)	10–20 mg	3.75 mg
Flunitrazepam	Rohypnol	15–20	Desmethyl-flunitrazepam (31)	2 mg	1 mg
Flurazepam	Dalmadorm, Staurodorm	1,5–2	Desalkyl-flurazepam (47–100)	2 mg	15 mg
Lorazepam	Tavor, Laubel	9–24		0,5–5 mg	1 mg
Lormetazepam	Noctamid, Ergocalm	10–15		0,5–2 mg	1 mg
Nitrazepam	Mogadan, Somnibel	13–31		10–30 mg	2.50 mg
Oxazepam	Adumbran	4–24		10–60 mg	30 mg
Prazepam[2]	Demetrin	2	Nordiazepam (50–100)	10–30 mg	20 mg
Temazepam	Planum, Remestan	4–12	Oxazepam (4–24)	20–30 mg	20 mg
Triazolam	Halcion	2– 5		0,25–1 mg	0.50 mg

[1] Äquivalent zur „anxiolytischen Wirkkomponente" von 10 mg Diazepam
[2] sog. Prodrug, da insbesondere Metabolit zur Wirkung beiträgt

Therapietagebuch

	Datum:						
Medikament	Was						
	Wieviel						
	Wann/wieso						
Medikament	Was						
	Wieviel						
	Wann/wieso						
Medikament	Was						
	Wieviel						
	Wann/wieso						
Drang zur Einnahme	0 = kein Drang bis 10 = übermächtiger Drang						
Beschwerden (Art und Stärke)	0 = keine bis 10 = extreme Beeinträchtigung						
	1.						
	2.						
	3.						
	4.						
	5.						
Entspannungs-übung	Dauer						
	Erfolg*						
Andere Übungen	Was						
	Dauer						
	Erfolg*						

* Erfolgseinschätzung: 0 = überhaupt nicht gelungen/entspann bis 10 = sehr gut gelungen/entspann

Für diese Woche vereinbarte Reduktion: ....%, d. h. ....Tablette(n)/Tag